# Sexualität
# in der Gesamterziehung

Ernst Hess
Fotos Herbert Maeder

# Sexualität in der Gesamterziehung

## Orientierungshilfen für Eltern und Lehrer

Walter-Verlag Olten und Freiburg im Breisgau

modelle

In Verbindung mit dem Katechetischen Institut Luzern
herausgegeben von Fritz Oser und Karl Kirchhofer
Redaktionell betreut von Othmar Frei

Band 18

ISBN 3-530-33970-9

# Inhalt

# Einführung

## Geschlechtserziehung

In der Geschlechtserziehung geht es um die Bejahung des eigenen Geschlechts und der eigenen Geschlechterrolle sowie um die Vorbereitung für die Begegnung mit dem Du und der Gemeinschaft. Mit Sexualaufklärung und Sexualunterricht allein erfüllen Familie und Schule ihre wichtige Aufgabe der Geschlechtserziehung nicht.

Die menschliche Sexualität weist in bezug auf die Selbstwerdung des Individuums wie auch in der Gestaltung zwischenmenschlicher Beziehungen Dimensionen auf, die nur von der Gesamterziehung her erfaßt und in vollem Ausmaß zur Entfaltung gebracht werden können. Soll eine Orientierungshilfe diese Ansprüche erfüllen, darf deshalb nicht die Sexualität allein zum Ausgangspunkt genommen werden, wie das oft der Fall ist. Grundlage und Brennpunkt kann nur der ganze Mensch sein.

Die Sexualität spielt bei dem um seine Identität (Ichfindung) ringenden jungen Menschen eine wichtige Rolle. Sie bietet seinem Ich den Widerstand, der zu dessen Erstarkung und Ausformung notwendig ist. Die Anerkennung der Sexualität als einer entscheidenden Möglichkeit der Selbstfindung und Selbstverwirklichung soll deshalb die Grundhaltung des Erziehers mitbestimmen. Sie wird ihm helfen, dem jungen Menschen die Sexualität als ein das Leben mitgestaltendes, positives Element darzustellen, dem man sich freilich nicht unkontrolliert überlassen darf. Im Gegensatz zur tierischen Sexualität, die nur der Fortpflanzung dient, soll sie als die gemeinschaftsbildende Kraft erkannt werden, die der zwischengeschlechtlichen Beziehung die besondere Erfüllung zu schenken vermag.

## Geschlechtlichkeit — Sexualität

Man unterscheidet heute zwischen Geschlechtlichkeit, Sexualität und Genitalität. Alois Gügler umschreibt diese Begriffe wie folgt: «Der Mensch ist in seiner Ganzheit, d. h. in allen Schichten seines Seins geschlechtsgeprägt. Diese *Geschlechtlichkeit* ist auch eine unterschiedliche, was sowohl den ganzen körperlichen wie den ganzen seelischen Bereich betrifft. Sie ist ferner dubezogen. Das will heißen: Mann und Frau verwirklichen sich in ihrer Geschlechterrolle in der Begegnung, im Austausch, im Aufeinander-Zugehen, sei es in der Ehe oder im Ledigenstand... Unter *Sexualität* im engeren Sinn versteht man alle Verhaltensweisen, in denen sich die geschlechtlichen Kräfte verwirklichen. Sie darf, im Gegensatz zum Tier, nicht mit dem Geschlechtstrieb identisch gesetzt werden, weil sie im Gesamtgefüge der menschlichen Persönlichkeit einen andern Rang und andern Ort hat. Wo diese Gesamtordnung gestört oder nicht ausgefüllt ist, bekommt das Sexuelle einen falschen Rang, einen ungewöhnlichen Vorrang, was negative Folgen nach sich zieht... Mit *Genitalität* werden die Funktion und Funktionsgesetze der Geschlechtsorgane bezeichnet...»

## Elternhaus und Schule

Die Erlebnisse und Eindrücke der ersten Lebensjahre sind für die kindliche Entwicklung von großer Bedeutung. Die in dieser Zeit empfangenen Impulse wirken sich für das spätere Leben im guten und schlechten Sinn entscheidend aus. Das gilt auch für die Sexual-

sphäre. Während der Primarschulzeit sollte das Schwergewicht der Geschlechtserziehung weiterhin bei den Eltern liegen, weil ein optimales Vertrauensverhältnis zwischen Kindern und Eltern möglich ist und das zu vermittelnde Sexualwissen noch keine besonderen Kenntnisse voraussetzt.

Als Partner des Elternhauses hat die Schule auch einen wesentlichen Beitrag zur ganzheitlichen Geschlechtserziehung — nicht bloß zur Wissensvermittlung — zu leisten. Während der Primarschulzeit nehmen die Lehrer in der Geschlechtserziehung mehr eine unterstützende, Aushilfe leistende Stellung ein. Auf der Oberstufe hingegen ist es unerläßlich, den Schüler im Biologieunterricht über den Bau und die Funktion der Sexualorgane in angemessener Weise zu unterrichten. In diesen Jahren können außerdem helfende Gespräche durch den Lehrer die zu bewältigenden Probleme gelegentlich besser lösen, weil der in der Pubertät einsetzende Distanzierungsprozeß zwischen Kindern und Eltern oft der Behandlung intimer Fragen im Wege steht.

Im Rahmen der Erwachsenenbildung und des Religionsunterrichts werden auch die Kirchen ihren Beitrag zur ganzheitlichen Geschlechtserziehung einbringen.

*Wegleitung*

Geschlechtserziehung im umfassenden Sinn kann nicht wertfrei sein, wenn sie wirksam werden soll.

Nirgends so wie im Sexualbereich nimmt der Schüler hinter dem gesprochenen Wort die mitfühlende, von ethischen Vorstellungen geformte Erzieherpersönlichkeit wahr. Die durch die Haltung des Erziehers hervorgerufene Stimmung kann in ihm als Lebenshilfe oder -hemmnis fortwirken, wenn er erfährt, daß auch der Erwachsene im Banne der in ihrem tiefsten Wesen rätsel-

haften Urkraft der Sexualität steht. Das unablässige Ringen des Erziehers um die Bewältigung seiner eigenen geschlechtlichen Problematik wird — ohne daß dies in Worten zum Ausdruck kommt — auf den Heranwachsenden ungleich nachhaltiger wirken als alle moralisierenden Zusprüche. Das stellt an den Erzieher hohe Anforderungen, bedeutet es doch ständiges Bemühen um Selbstkontrolle und Selbsterziehung. Das Hinführen zu geschlechtlicher Reife wird weitgehend durch die innere Haltung des Erziehers bestimmt. Es soll dem Jugendlichen ermöglichen, ohne zu starke Beeinflussung seinen eigenen Weg zur verantwortungsvollen Bejahung seiner Sexualität zu finden.

*Den Weg immer neu suchen*

Es gibt kaum ein Lebensgebiet, bei dem die gegensätzlichsten Ansichten so heftig aufeinanderprallen wie in der Geschlechtserziehung. Das Verblassen der Traditionen und Normen und die damit verbundene allgemeine Autoritätsfeindlichkeit unserer Zeit haben zur Auflösung früherer Wertvorstellungen und dadurch zu einer gewissen Richtungslosigkeit geführt. Die allgegenwärtige, penetrante Sexualisierung des täglichen Lebens (Massenmedien, Sex als Geschäft usw.) haben in Verbindung mit dem verbreiteten Wohlstand bei Jung und Alt eine Überbewertung des Lebensgenusses und damit falsche Glücksvorstellungen hervorgerufen. Die Möglichkeiten, die uns die heutige Konsumgesellschaft bietet, können die Erziehung unter Umständen sehr erschweren. Es braucht von seiten des Erziehers ein viel größeres Maß an Wachheit, um nach dem Sprichwort «Prüfet alles und behaltet das beste» aus dem riesigen Angebot an Spielwaren, Lesestoff, Schallplatten, Möglichkeiten, die uns die Freizeitindustrie anbietet usw., das herauszufinden, was der positiven Entwicklung des Kindes förderlich ist. Im Sog der antiautoritären Welle glaubten zudem viele Eltern, das Kind müsse schon früh selber bestimmen, was es essen und anziehen, was es lesen, wie es seine Freizeit zubringen und was es mit seinem Geld kaufen wolle. Der Gedanke, das Kind damit selbständiger zu machen, ist an sich berechtigt; doch ist hier oft eine schädliche Verfrühung (Überforderung) festzustellen. Es wird immer schwieriger, einheitliche Erziehungsgrundsätze zu finden. Häufig steht der Erzieher vor schwerwiegenden Entscheidungen, denen er nicht ausweichen kann.

Die Überlegungen und Vorschläge in dieser Schrift möchten Gespräche unter Erziehern anregen. Gültige Normen, woraus Richtlinien für die Erziehung zu gewinnen sind, müssen immer neu im Dialog aufgespürt werden. Ein Buch kann dazu bestenfalls einen Anstoß geben. Eine tiefgreifende Auseinandersetzung und Neubesinnung wird sich nicht nur auf die heranwachsende Generation hilfreich auswirken. Sie bedeutet auch für die beteiligten Erwachsenen eine wertvolle persönliche Bereicherung.

*Zur Einteilung des Buches*

Die Gliederung des Buches nach vier *Altersgruppen* stellt einen Notbehelf dar. Er soll dem Leser den Überblick erleichtern. Einige Wiederholungen sind dabei nicht zu vermeiden. Die einzelnen Kapitel sind also nicht streng in sich abgeschlossen. Sie greifen häufig ineinander über. Die Lebensvorgänge, um deren Darstellung es hier geht, lassen sich nicht genau eingrenzen.

In jedem Kapitel werden jeweils *vier Fragenkreise* angesprochen:

— Beobachtungen zur individuellen und sozialen Entwicklung in der betreffenden Altersphase sowie ausgewählte allgemeine Erziehungsfragen.

— Geschlechtliches Verhalten und Erleben.

— Wissen betreffend Geschlechtsorgane und ihre Funktion, Zeugung, Schwangerschaft, Geburt, Säuglingsalter usw.

— Sexualität und Gesellschaft.

# I Kleinkinder und Kinder im ersten bis dritten Schuljahr

## 1. Das Kleinkind und seine Erziehung

*Die Zeit von der Zeugung bis zur Geburt*
Zwar ist es überspitzt, zu sagen, die Geschlechtserziehung des Kindes beginne schon bei dessen Zeugung. Und trotzdem ist es notwendig, ein paar Gedanken über diese Zusammenhänge vorauszuschicken. Wenn im folgenden von der Einstellung der Eltern und vor allem der Mutter zum werdenden Kind die Rede ist, so bin ich mir völlig darüber im klaren, wieviel Lebens- und Schicksalstragik in den Fragen um Empfängnis, Schwangerschaft und Geburt liegen kann und wie schwierig es unter Umständen ist, zu einer Schwangerschaft ja zu sagen (ledige Mütter, große Kinderzahl, Arbeitslosigkeit, Krankheit, Ehekonflikte usw.). Dennoch muß davon gesprochen werden, welche Bedeutung es für das werdende Kind hat, ob es den Eltern willkommen ist, ob sie sich darauf freuen, ob sie bereit sind, für die nun folgende Zeit Verzichte in mancherlei Beziehung auf sich zu nehmen (Vergnügungen, finanzielle Einschränkungen, zeitweiliger Verzicht der Mutter auf Studien und Karriere, auf Reisen usw.), um so dem werdenden Erdenbürger bestmögliche Bedingungen zu schaffen. Die neueste Forschung ermöglicht Einblicke nicht nur in die körperliche, sondern auch in die seelische Entfaltung des Ungeborenen, was sich durch Filmaufnahmen eindrücklich belegen läßt. Man weiß heute, daß das werdende Kind bereits ein ausgesprochenes Gefühlsleben entwickelt, das weitgehend von den Stimmungen und Empfindungen der Mutter beeinflußt wird.

*Die Erziehung des Kleinkindes*
Diese neuen Einsichten helfen den zukünftigen Eltern, ihre Verantwortung dem zu erwartenden Kind gegenüber wahrzunehmen und damit tiefer und bewußter zu erleben.
Wie entscheidend dann die ersten Lebensjahre für das Kind sind, ist heute ebenfalls wissenschaftlich erwiesen

und dürfte allgemein bekannt sein. Es gibt sogar Pädagogen, die der Meinung sind, ein Kind sei, wenn es zur Schule komme, eigentlich schon erzogen. Wenn eine solche Aussage auch nicht wörtlich zu nehmen ist, macht sie doch deutlich, daß die Sozialisation des Kindes, das heißt seine Hinlenkung zur spätern Liebes- und Gemeinschaftsfähigkeit, dann am besten gelingt, wenn es sich als Säugling und Kleinkind in die Liebe und Fürsorge der Eltern ganz eingehüllt empfindet, was mit dem heute zum Schlagwort gewordenen Begriff der «Nestwärme» gemeint ist. Darin gründet das tiefe Vertrauen des Kindes in seine Umgebung, das sogenannte Urvertrauen, das für sein Gedeihen ebenso wichtig ist wie die physische Nahrung. Mangelnde Zuwendung in diesem Lebensabschnitt hat oft schwerwiegende, kaum gutzumachende Schäden zur Folge. Seelische Vernachlässigung des Säuglings kann spätere Erziehungsmißerfolge bewirken, zum Beispiel verantwortungsloses Sexualverhalten im Erwachsenenalter.

Während der ganzen Vorschulzeit kommt es sehr darauf an, wie das Kind seine Umwelt erlebt. Es wünscht sie sich gut und heil und empfindet seine Familie als sichere Burg und Zufluchtsort, wo es vor Ängsten behütet ist. Nie mehr in seinem späteren Leben kann der Mensch herzliches Verständnis, Liebe und Güte so unvoreingenommen auf sich wirken lassen. Das Kind ist ungefähr bis zum Zahnwechsel ein vorwiegend nachahmendes Wesen. Was der Erwachsene als Ausdruck seines Denkens und Empfindens sagt und tut, wird vom Kind nachgeahmt und unbewußt in sein Weltbild eingebaut.

Die Notwendigkeit, im Kind das *Urvertrauen* zu erhalten (was sein Fühlen bestimmt), und das Gesetz der *Nachahmung* (das in seinem Tun, das heißt im Wollen zum Ausdruck kommt) bilden zwei wichtige Grundtatsachen, die für die Erziehung im ersten Lebensabschnitt berücksichtigt werden müssen, sich aber noch bis ins neunte Jahr auswirken. Zu diesen zwei Erziehungsgrundsätzen kommt ein dritter: die Entwicklung der *religiösen Anlage*, da das Kind bis zur Schulreife und darüber hinaus für religiöse Eindrücke am empfänglichsten ist (was mit der emotionalen Ganzheits-Erfassung zusammenhängt). Das zeigen die tiefsinnig «philosophischen» Aussprüche Vorschulpflichtiger. Es kommt darauf an, welche Antworten sie erhalten auf ihre Fragen nach Leben und Tod, Gut und Böse, Gott und Mensch, Himmel und Erde. Dem Erzieher fällt die Aufgabe zu, im Kind den Grund zum religiösen Empfinden und Denken zu legen (und damit zu seinem späteren sittlichen, das heißt auch geschlechtlichen Verhalten).

Diese drei Hauptgedanken stehen nun aber im Gegensatz zu vielem, was an Erziehungsmodellen in den letzten Jahrzehnten vertreten worden ist. Die antiautoritäre Erziehung zum Beispiel, die als Bewegung heute wohl am Abklingen ist, hat eine allgemeine Unsicherheit geschaffen, verstärkt durch das Verblassen der Traditionen und den damit verbundenen Normenverlust. Ein Überdenken der verworrenen Erziehungssituation ist deshalb unumgänglich. Eine gültige Richtlinie kann dabei aus dem Wesen und dem Entwicklungsgang des Kindes gewonnen werden, wie dies schon Pestalozzi verlangt hat: «Die Erziehung muß sich in ihrem ganzen Tun fest an den einfachen Gang der Natur in uns halten.»

## Die Familie

Mit drei bis vier Jahren tauchen im Kind die ersten Fragen nach dem eigenen Sein auf. Es beginnt, sich selber mit ICH zu bezeichnen und hebt sich damit von seiner Umgebung bewußtseinsmäßig ab. Es lernt allmählich,

sich als Teil der Familie zu verstehen, und unterscheidet Vater, Mutter und andere Angehörige als verschiedene Wesen seiner Umgebung. Die ersten Fragen nach Geschlechtsdifferenzierung, Rollenverteilung, Verwandtschaft usw. tauchen auf.

Das fünf- bis sechsjährige Kind erlebt die Zugehörigkeit zu seiner Familie als grundlegende, in verschiedenen Formen sich zeigende Erfahrung. Die Familie erhält im Bewußtsein des Kindes ihre personenmäßige und räumliche Begrenzung. Sie besteht aus soundso viel Menschen und lebt in bestimmten, ihr und nur ihr gehörenden Räumen. Innerhalb dieses fest umgrenzten Lebensbezirks wird gewohnt, gegessen, geschlafen, gelobt, gescholten, geliebt, gezankt und gefeiert. Hier fühlt sich das Kind geborgen, geschützt und verstanden. Hier entwickelt es die Gefühlskräfte für Zugehörigkeit, Anhänglichkeit, Bindung und Heimat, seelische Energien also, die ihm später das Leben in den größeren Gemeinschaften der Schulklasse, der Jugendgruppe, der Gemeinde, des Volkes ermöglichen. In der Zeit vor dem ersten Gestaltwandel (6./7. Lebensjahr) werden die Bindekräfte veranlagt, die dem Menschen das Leben in der Gesellschaft ohne Preisgabe der Eigenständigkeit ermöglichen.

*Nachbarschaft*

Zum Lebenskreis des Vorschulpflichtigen gehören auch die Nachbarschaft und deren Kinder. In den heute häufigen Vielfamilienhäusern ist die Pflege der Verträglichkeit, der Achtung vor den Mitbewohnern außerhalb der Familie sehr wichtig. Das gute Beispiel der Eltern ist auch hier ausschlaggebend. Ideal wäre es, wenn sich die Kinder in der engen Wohngemeinschaft eines Häuserblocks oder einer Straße der Kollektivaufsicht aller El-

tern unterstellt wüßten. Es würde sie automatisch von vielen Dummheiten und Streitereien abhalten, ohne sie — ein angemessenes Verständnis der Erwachsenen vorausgesetzt — zu stark einzuengen.

*Familiäre Normen*
In jeder Familie bilden sich Gewohnheiten heraus, die das gemeinsame Leben regeln und dem Tagesablauf, den Umgangsformen, Tischsitten usw. ihr eigentümliches Gepräge geben. Das Kind gewöhnt sich ein und empfindet das Regelmaß als wohltuend. Daß dem so ist, zeigt sich, wenn der Rhythmus gestört wird, etwa bei Besuchen, Reisen, Familienfesten. Dann geraten manche Kinder aus dem Tritt und sind entsprechend schwerer zu lenken.

*Einordnen und doch sich selbst entfalten*
Ein geregeltes Familienleben ist eine wichtige Hilfe, um dem Kind bestimmte Gewohnheiten beizubringen. Erziehung im frühen Kindesalter und auch später ist großenteils Gewöhnung. Sie darf natürlich nicht zu einer «Eisenfaust-Gewohnheit» werden. Verstöße gegen die guten Sitten (Hände nicht waschen, Zähne nicht putzen, den Erwachsenen ins Wort fallen) sind alltäglich und erfordern Zurechtweisungen, die von liebevoller Strenge, großer Geduld und von Verständnis getragen sein müssen. Besonders das Kind in der ersten Trotzphase, also in der Zeit, da es sein eben entdecktes Ich im Widerstand gegen elterliche Wünsche und Gebote erproben will, darf nicht durch harten Zwang unterworfen werden. Der kleinen werdenden Persönlichkeit muß jetzt schon ihr Platz in der Familie zukommen. Sie darf in den ersten Auseinandersetzungen zwischen Ich und Welt nicht ständig den kürzeren ziehen.

Ebenso verkehrt aber ist es, aus einer falschen Haltung heraus das Kind in allem gewähren zu lassen in der irrigen Meinung, seine personale Entfaltung werde durch die elterlichen Maßnahmen geschädigt. Das Kind ist noch weit davon entfernt, selber über sein Tun und Lassen entscheiden zu können.
Eine gute Gewöhnung erleichtert das Zusammenleben in der Familie, macht aber allein die Erziehung noch nicht aus. In der Kindheit erworbene gute Gewohnheiten erleichtern fürs ganze Leben den Umgang mit sich selbst und das Verhalten in der Gesellschaft. Sie sind ein Teil der sogenannten «guten Kinderstube».

*Möglichst früh zur Selbständigkeit erziehen?*
Eines der wichtigsten Erziehungsziele besteht darin, das Kind zur Selbständigkeit zu führen, die mit zirka zwanzig Jahren erreicht werden soll. Was heißt aber selbständig werden? Diese Frage hat verschiedene Aspekte. Jede Mutter ist mit Recht bestrebt, ihr Kleinkind dazu zu bringen, seine Milchflasche selber zu halten, das Eßbesteck zu handhaben, sich allein aufs Töpfchen zu setzen, sich aus- und anzuziehen, die Schuhe zu binden, mit seinen Sachen Ordnung zu halten, auf Gefahren zu achten (heiße Herdplatte, Schneidwerkzeuge, Straßenverkehr usw.). Damit wird die mütterliche Hilfe allmählich entbehrlich gemacht. Die Nachahmungsfreude kommt dem Kind in seinem Bestreben nach Selbständigkeit entgegen. Das junge Selbstbewußtsein wird gestärkt. Es freut sich über seine Fertigkeiten, die es ihm ermöglichen, in seinem Alltag schon fast wie die Großen zurechtzukommen. Diese Art von Selbständigkeit macht es geschickt und gewandt in seinen Gliedern, anstellig und aufmerksam für die Vorgänge in seiner Umwelt und ist nicht hoch genug einzuschätzen.

Nun wird aber heute von vielen Eltern zu früh eine andere Art von Selbständigkeit angestrebt, die beim Kind die Fähigkeit zu urteilen (logisches Denken) voraussetzt. Diese entwickelt sich aber erst in der Vorpubertät und soll zum Zeitpunkt der Volljährigkeit so weit ausgebildet sein, daß der junge Mensch imstande ist, im Rahmen seiner Möglichkeiten selber über seine Geschicke zu entscheiden. Aus einem falschen Verständnis der Selbständigkeit heraus muten viele Eltern ihren noch urteilsunfähigen Kindern Entscheidungen zu, die eine Verfrühung bedeuten, wie folgende Beispiele zeigen:

Man läßt ein Kleinkind selber entscheiden, was es gerade essen und trinken will (Süßigkeiten vor dem Essen, Speiseeis und Schleckzeug zu jeder Zeit), was es anziehen will und was nicht (warmes Jäckchen, Strumpfhosen), läßt es im Laden Spielsachen und Bildergeschichten auswählen, läßt es mit Geld umgehen und läßt es gewähren, wenn es fernsehen will. (Ähnliche Beispiele ließen sich für das ältere Kind mühelos aufzählen.) Mit diesen Verfrühungen wird die Urteilskompetenz der Mutter an das Kind abgetreten. Es weiß aber mit diesem Recht noch nicht umzugehen, da es sein Tun weitgehend nach seinen Wünschen und Begierden ausrichtet, die es noch nicht genügend durch Vernunftgründe lenken kann.

Man glaubt, dem Kind durch Gebote und Verbote zu schaden (siehe antiautoritäre Erziehung), man nimmt sich zum Beispiel nicht die Mühe, sich nach der Witterung umzusehen, um die Bekleidungsfrage zu entscheiden, oder man scheut die Diskussion mit dem Kind, bürdet ihm dann aber die Schuld auf, wenn es sich wegen zu leichter Kleidung erkältet. Hinter diesem Verhalten steckt vielleicht sogar der uneingestandene Wunsch, das Kind möglichst schnell selbständig zu machen, um wieder mehr Freiheit für sich selber zu haben. Dadurch, daß die Eltern das Kind in allen Lebensbereichen zu früh schalten und walten lassen, wird es in seinem Urteilsvermögen paradoxerweise nicht selbständiger, sondern durch die Umwelt leicht manipulierbar. Mode und Reklame sagen ihm, was «in» oder «out» ist, und bestimmen damit sein Konsumverhalten. Ein paar Jahre später beklagen sich dann die Eltern über die hohen Ansprüche ihrer Kinder und sehen nicht ein, daß die Ursachen dazu in ihrer Erziehungsmethode zu suchen sind.

Die Folgen dieser Verfrühungen erstrecken sich auch auf das Sexualverhalten. Die gutgemeinte Absicht der Eltern, ihre Kinder durch frühzeitiges Selbständigmachen zu kritischem Denken zu erziehen, schlägt fehl. Anstelle einer gesunden, unabhängigen Urteilsfähigkeit tritt beim Jugendlichen das Gegenteil ein. Er wagt nicht, zu seinen eigenen Gedanken zu stehen, sondern ist ängstlich darauf bedacht, sich auf jeden Fall umweltkonform zu verhalten, auch in bezug auf die Sexualität.

Aus diesen Überlegungen ergibt sich: Wie äußere und innere Selbständigkeit bis zur Volljährigkeit zu erreichen sei, läßt sich an der kindlichen Entwicklung ablesen. Zu frühes Hinführen zu *äußerem* Selbständigsein gönnt dem Kind zu wenig Zeit zum Träumen und phantasievollen Spielen, bewirkt damit eine Verkümmerung seiner gemüthaften Anlagen und erschwert den Weg zur *innern* Selbständigkeit.

Sollen die Eltern also gegen den Strom schwimmen und das Kind vor jedem Luftzug bewahren? Sicher nicht, denn die unerwünschten Umwelteinflüsse lassen sich nicht aus der Welt schaffen, und früher oder später muß sich der Heranwachsende damit auseinandersetzen. Doch können die Erzieher versuchen, das noch bildsame Kind vor dem allzu grellen Licht des heutigen Zivilisationsalltags noch ein wenig abzuschirmen.

*Hat das Kind nur gute Anlagen?*
Beim Betrachten und Beobachten eines Kleinkindes staunt der Erwachsene immer wieder über die verborgene Weisheit, die da am Werk ist, zum Beispiel wenn es sich aufrichtet, gehen und sprechen lernt. Man wird das Gefühl nicht los, das Kind wisse selber viel besser, was ihm für seine Entfaltung nütze und was nicht. Der Erwachsene lasse es deshalb am besten gewähren. Erziehungsmaßnahmen, unter anderem Strafen, würden seiner Kreativität, die sich so stark und unbefangen äußert, Abbruch tun (J.-J. Rousseau vertritt in seinem Erziehungsroman «Emile» die Ansicht, das Kind sei von Natur aus gut, es sei die Gesellschaft, die es verderbe). Wir alle wissen, daß die Erziehungswirklichkeit anders aussieht. Das Kind bedarf während einer langen Zeit der Pflege, Betreuung und Lenkung. Es trägt Anlagen zu Gut und Böse in sich. Die schwierige, aber dankbare Aufgabe des Erziehers besteht darin, ihm auf jeder Stufe zu helfen, mit diesen Kräften umzugehen und, wenn nötig, seinem Egoismus Grenzen zu setzen, ohne es in der Entfaltung seiner Eigenart zu beeinträchtigen.

*Wenn das Kind trotzt*
Wie sollen wir dem Kind von drei bis vier Jahren (erstes Trotzalter) begegnen? Welche Strafen darf ich anwenden, welche nicht?
Ein Zauberwort für die frühkindliche Erziehung heißt *Ablenkung.* Weil es vom Erzieher (meist der Mutter) viel Einfühlungsgabe und schöpferische Phantasie verlangt, immer gleich eine Idee zur Hand zu haben, ist diese Methode in ihrer Anwendung nicht leicht, sollte aber

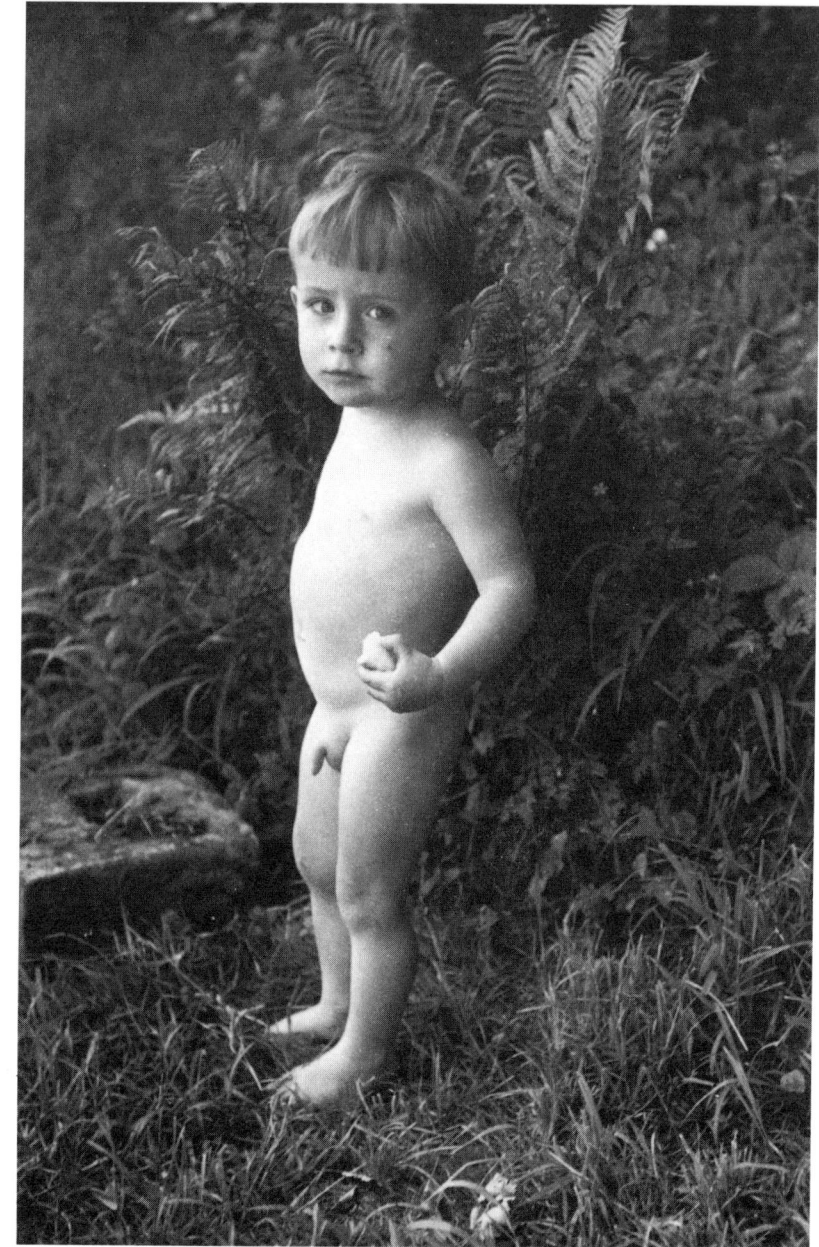

viel häufiger versucht werden, da sie eine große Hilfe bietet. Das Kind ist ja bis ungefähr zum Kindergartenalter für verstandesmäßige Belehrungen sehr wenig zugänglich.

Humorloses Schelten und Moralisieren läuft wie Wasser an ihm ab. Schlimmer ist es noch, wenn wir in Wut geraten, uns vielleicht sogar vom Zorn zu Strafen hinreißen lassen. Das Kind wird nach dem Gesetz der Nachahmung ebenfalls zornig reagieren, bockt und trotzt, zerstört Gegenstände oder schlägt drauflos. Wir kommen dem auch wieder nur mit unserem guten Vorbild bei.

So einfach diese Regel scheint, so unendlich schwer kann es gelegentlich sein, ihr nachzuleben, das heißt, sich durch Trotzanfälle, Widersetzlichkeit und Zerstörungstrieb des Kindes nicht aus der Ruhe bringen zu lassen und sich der Situation entsprechend — auch in bezug auf die Art der Strafe — richtig zu verhalten. Auf keinen Fall darf das Kind einfach *unterdrückt* werden, kann dies doch für seine ganze spätere Entwicklung schwerwiegende Folgen haben und sich — je nach seinem Temperament — in allen möglichen Schattierungen äußern, von Lethargie, Willen- und Interesselosigkeit bis zu starken Aggressionen und Wutanfällen. Interessanterweise führt aber auch — wie neuere Forschungen zeigen — *der Mangel an konsequenter Haltung* durch Nachgeben und Gewährenlassen ebenfalls zu Aggressionen im Pubertäts- und Jugendalter. Zwischen diesen beiden Polen die Mitte zu finden, ist recht schwer. Auch hier kommt es viel weniger auf das *Was* als auf das *Wie* an. Was dabei zählt, ist vor allem dies, daß das Kind bei allen Maßnahmen der Liebe des Erziehers sicher ist und als Person ernst genommen wird. Dies kann nie genug betont werden.

# 2. Geschlechtliches Verhalten

Wenn für das frühe Kindesalter von geschlechtlichem Verhalten gesprochen wird, bezieht sich dies vor allem auf die *Einstellung und das Vorbild der Eltern* und der weitern Bezugspersonen. Wie diese handeln, empfinden und denken, bestimmt weitgehend die frühkindlichen Verhaltensweisen.

*Geschlechtsunterschiede*

In den ersten Lebensjahren erfährt das Kind sein Geschlechtsorgan nur in der Ausscheidungsfunktion. Erst im Verlauf des mit ungefähr drei Jahren erwachenden und sich allmählich festigenden *naiven Selbstbewußtseins* merkt das Kind meist, daß es «zweierlei Leute» gibt. In Familien mit Knaben und Mädchen ergeben sich beim Baden und Zubettgehen, bei Einzelkindern zum Beispiel im Planschbecken mit Kameraden die natürlichsten Gelegenheiten, diese Tatsache zu erklären. Wenn das Kind sie zur Kenntnis genommen hat, ist seine Neugierde in der Regel für eine Weile befriedigt. Es soll auch gleich den Namen für die Geschlechtsteile (Glied, Hodensack, Scheide) erfahren. Das erleichtert zukünftige Gespräche. Verniedlichende Umschreibungen sind ungeeignet. Es soll offene, seinem Verständnis angepaßte Antworten erhalten. Hemmungen von seiten des Erwachsenen sind unangebracht. Das Kind steht den Sexualorganen unbefangen gegenüber, weil seine Geschlechtlichkeit noch nicht aktiv ist. Ebenso ist darauf zu achten, daß die Geschlechtsorgane, weil sie auch Ausscheidungsaufgaben haben, nicht als widerwärtig, schmutzig und damit als abstoßend dargestellt werden.

### Das unterschiedliche Rollenverhalten

Die Tatsache, daß es heute Hausmänner und Kindergärtner gibt, zeigt, wie sehr sich das Rollenverhalten der Geschlechter in den letzten Jahrzehnten geändert hat. Gleiche Rechte für Mann und Frau werden verlangt und damit auch gleiche Bildungschancen; auch den Mädchen soll es erlaubt sein, ihren Beruf nach Neigung und Eignung auszuwählen (Befriedigung in der Berufsarbeit bewahrt oft auch vor unglücklichen Frühehen). Die Eltern können viel dazu beitragen, daß Jungen und Mädchen sich als gleichwertig gegenüberstehen. Die Erziehung dazu beginnt sehr früh und kann sich auf die spätere Einstellung der Geschlechter zueinander positiv auswirken. Es ist schon viel damit getan, wenn die Eltern in der Familie zwischen Männer- und Frauenarbeit keinen Unterschied machen. Das beste Beispiel kann der Vater geben, wenn er am Sonntag kocht, abends gelegentlich die Kleinkinder besorgt und zu Bett bringt, damit die Mutter beispielsweise einmal in der Woche singen oder turnen gehen kann; wenn er am Samstag die Kleinen zum Einkauf mitnimmt, wenn er den Säugling zu wickeln und zu baden versteht und notfalls bereit ist, Staubsauger und Waschmaschine zu betätigen. Damit sind drei Dinge erreicht: der Mann lernt die Hausfrauenarbeit besser schätzen, die Frau fühlt sich entlastet und moralisch unterstützt, und die kleinen Buben werden das Vorbild des Vaters freudig nachahmen. Ich möchte aber deutlich sagen, daß ich damit nicht die Meinung jener Autoren unterstütze, die nur einen biologischen Unterschied zwischen den Geschlechtern gelten lassen und fest davon überzeugt sind, am einseitigen Rollendenken sei nur die Erziehung schuld.

Wenn es gelingt, daß die Kinder durch das Vorbild der Eltern Mann und Frau wohl als *anders geartet*, aber als *gleichwertig* und *gleichberechtigt* erleben, kann dies später zu echt partnerschaftlichem Verhalten befähigen, bei dem ausschließlich geschlechtliche Wünsche zugunsten von Liebe, Freundschaft und Rücksichtnahme zurücktreten.

### Erziehung des Kleinkindes zur Sauberkeit

Es gehört zur Geschlechtserziehung, die natürliche, positive Einstellung des Kindes zu seinem Geschlechtsorgan — es ist ja ein Teil seines Körpers — möglichst lange zu erhalten. Dazu kann die Mutter oder Pflegeperson viel beitragen, indem sie das Kleinkind stets sauberhält und jedesmal Freude zeigt, wenn ihm die flotte Erledigung seines kleinen oder großen Geschäftchens gelungen ist. Hilfreich ist es auch, soweit möglich immer den gleichen «Stundenplan» zu beachten. Das Kind ist für Regelmäßigkeit im Tagesablauf überaus dankbar.

### Sexuelle Spiele

Wenn sich das Kind daran gewöhnt hat, mit seinen Fragen zu den Eltern zu gehen, können diese seinen Wissensdrang je nach seiner Reifestufe stets in neuen Gesprächen stillen. Das Kind will aber bei bestimmten Gelegenheiten seine geschlechtliche Neugier auch «anschaulich» befriedigen, wozu «Doktorspiele» und ähnliche kindliche Tätigkeiten zum Vorwand dienen. Es wäre sicher falsch, wollte man bei deren Entdeckung großes Aufheben machen, da schroffes Dazwischentreten und Strafen vom Kind nicht verstanden würden und unter Umständen seelische Verletzungen zur Folge haben und alles, was mit Sexualorganen zu tun hat, in ein schiefes Licht bringen könnte.

Radikale Sexualforscher finden, man sollte Kindern Gelegenheit zu solchen «Erforschungen» schaffen und sie dazu ermuntern, sexuelle Erfahrungen zu sammeln, um sexueller Verklemmtheit vorzubeugen und Frustrationen zu vermeiden, wie sie nach ihrer Ansicht durch Verbote entstehen. (Frustration — seelische Beeinträchtigung durch Verhinderung, Enttäuschung). Nach meiner Überzeugung ist das Kind glücklicher, wenn es nicht durch vorzeitige Aktivierung seiner noch schlummernden Sexualität beunruhigt wird. Es wäre also diskret dafür zu sorgen, daß keine unerwünschten Gewohnheiten entstehen. Wer das Kind leiten und gewöhnen will, wird nicht vermeiden können, ihm dieses oder jenes zu verbieten oder zu versagen. Freilich kommt es sehr darauf an, in welchem Ton dies geschieht. Wenn das Kind keine Ursache hat, an der liebenden Zuneigung seines Erziehers zu zweifeln, können ihm Weisungen, Gebote und gelegentliche Verzichte nur nützen.

*Scham*

Das Problem, ob die Scham ein Produkt der Erziehung ist oder ob ihr eine natürliche Veranlagung zugrunde liegt, ist eine Frage, die sehr umstritten ist und die sich in jedem Lebensalter neu und verschieden stellt. Je nachdem man sich dazu verhält, können sich ganz unterschiedliche Erziehungsmaßnahmen ergeben. Im allgemeinen ist man in diesen Dingen unbefangener geworden. Im Kindergartenalter und in der Grundschule werden sich auch kaum große Schwierigkeiten ergeben, wenn die Erzieher der Sache keine zu große Wichtigkeit beimessen und keine extreme Haltung einnehmen. Auf jeden Fall müssen die Gefühle der einzelnen Kinder respektiert werden. Denn auch ein liberal erzogenes Kind kann sich weigern, mit Kameraden zusammen nackt zu duschen.

# 3. Zeugung, Schwangerschaft, Geburt, Säuglingsalter

*Wie bin ich auf die Welt gekommen?*
Mitteilungen über Zeugung, Schwangerschaft, Geburt, Stillen des Säuglings usw. müssen dem kindlichen Auffassungsvermögen angepaßt werden und in diesem Alter mehr die Gefühls- als die Verstandeskräfte ansprechen.

Zu vernehmen, wie ein Kind im Mutterleib wächst, kann zum eindrücklichen Erlebnis werden. Heute gibt es ausgezeichnete Bilderfolgen, die für diese Aufklärung hilfreiche Dienste leisten (siehe Anhang). Der Verlauf der Schwangerschaft und die Geburt sollen so dargestellt werden, daß sie das Kind nicht belasten, also ohne Erwähnung der Wehen, des Blutes und all der Umstände, die es erschrecken könnten.

*Wenn das zweite Kind unterwegs ist*
Wie verhalten wir uns als Eltern unserem ersten Kind

gegenüber, wenn das zweite unterwegs ist, und wie, wenn es angekommen ist?

Die Antworten auf diese Fragen lassen sich mit Hilfe des bisher Gesagten leicht finden. Die Tatsache, daß ein Geschwister unterwegs ist, bietet den schönsten Anlaß zu aufklärenden Gesprächen, die von den Eltern voll ausgeschöpft werden sollten, jedoch stets aus einer ehrfürchtigen Stimmung vor dem Wunder des menschlichen Werdens heraus. Diese Grundgesinnung überträgt sich auf das Kleinkind. Sie kann sein späteres Sexualverhalten entscheidend prägen. Zu vermeiden wäre zum Beispiel der Ausdruck: «Wir haben dir ein Geschwister *gemacht*.»

Auch darüber muß gesprochen werden, daß das Neugeborene noch lange kein Spielkamerad sein wird, daß es erst einmal tüchtig wachsen muß, was viel Zeit und Pflege braucht. Eifersucht kann verhindert oder abgebaut werden, wenn die Eltern sich in der Folge besonders liebevoll um das Größere kümmern und die Mutter auch dem ältern Kind ein liebes Wort sagt, wenn sie den Säugling herzt. Vielleicht darf das ältere beim Stillen dabei sein, etwas helfen und dazu von der Mutter eine Geschichte hören. Es ist für junge Mütter wichtig zu wissen, daß in dieser Zeit scheinbar kleine Dinge später große Wirkungen haben können.

*Wann und wie von der Vaterschaft sprechen?*

Ein etwas heikles Thema ist die Erklärung der biologischen Rolle des Vaters, über die das Kind im ersten Schulalter meist orientiert sein will, während das vorschulpflichtige weniger häufig danach fragt. Was muß erzieherisch vorausgegangen sein, damit das Kind die Auskünfte auf diese Frage richtig aufnimmt? Das Vertrauen in seine Umgebung, insbesondere in seine El-

tern, muß stark verankert sein. Es muß das Familienleben täglich auf der Basis gegenseitiger Zuneigung und Liebe erfahren, was sich unter anderm auch im Austausch von Zärtlichkeiten zwischen den Eltern äußert. (Das Wissen um die Liebe der Eltern zueinander wird dem Kind auch über gelegentliche Zeiten der Spannungen und Schwierigkeiten, die in keiner Ehe zu vermeiden sind, hinweghelfen, so wie es erlebt, daß nach einem Gewitter die Sonne wieder hell scheint.)

Ein verträumtes Kind gibt sich unter Umständen lange Zeit mit der Erklärung zufrieden, ein Kindlein entstehe dann, wenn die Eltern es wünschen und sie sich in der Umarmung ganz fest lieb haben. Ein frühreifes, waches Kind dagegen wird Genaueres wissen wollen. Wenn es fragt, ist es Sache der Eltern herauszuspüren, welcher Art ihre Auskunft sein muß. Fragt es nicht, kann dies verschiedene Gründe haben: Es interessiert sich nicht dafür oder es scheut sich zu fragen, weil es vielleicht von der Straße Auskünfte aufgeschnappt hat, die es beunruhigen, oder es hätte gerne Klarheit darüber, hat aber erfahren, wie ungern und ausweichend die Eltern auf solche Fragen antworten. Daß intimes Beisammensein in der Ehe nicht nur der Zeugung dient, wird das Kind erst viel später beschäftigen.

Wie von der Zeugug sprechen? Anton Janzing, der sich als einer der wenigen Autoren ausführlich und in vertretbarem Rahmen zu diesem Thema äußert, schlägt vor: «Das Glied des Mannes bildet eine Brücke, eine Verbindung zwischen Mann und Frau. Der Mann kann damit der Frau den Samen geben. Dazu führt er das versteifte Glied in ihre Scheide.» Solche Erklärungen dürfen noch nicht naturwissenschaftlich-naturalistischen Charakter haben. Das angeführte Zitat ist deshalb in zweierlei Hinsicht ein gutes Beispiel für kindesgemäße Aufklärung:

Wohl wird der Tatbestand der geschlechtlichen Vereinigung verständlich dargestellt; er ist aber in ein Bild gekleidet, wofür diese Altersstufe besonders empfänglich ist. Alles Wissen, das in dieser Art bildhaft aufgenommen wird (wie zum Beispiel auch die Weisheit der Märchen), entwickelt sich unbewußt im Kind weiter, um dann in einem spätern Lebensabschnitt in gewandelter Form ins volle Bewußtsein gehoben zu werden.

*Was sagen zu «Aufklärung» von der Straße?*
Kommt das Kind mit «wüsten» Wörtern von der Straße heim, so rede man mit ihm offen darüber. Schon das Kleinkind soll spüren, daß die Eltern seine Fragen ernst nehmen. Sobald es sich ausgesprochen hat, fühlt es sich befreit und wendet sich meist sofort wieder andern Dingen zu.

*Der Beitrag der Schule in diesem Alter*
Im eben behandelten Abschnitt treten die Grenzen, die der Sexualaufklärung in der Schule gesteckt sind, besonders deutlich hervor. Darf eine Erklärung, wie sie das Janzingsche Zitat darstellt, vor einer Schar ganz unterschiedlich vorgerückter und vorbereiteter Kinder abgegeben werden? Welche Gefühle und Vorstellungen werden damit geweckt? Wie weit sind die Eltern mit dem Vorgehen des Lehrers einverstanden? Machen sie sich immer die richtige Vorstellung von dem, was der Lehrer anbietet? Was können sie allenfalls unternehmen, wenn sie nicht einverstanden sind?
Die Schule kann, ja muß sich an der Sexual-*Erziehung* beteiligen. Sie tut es, indem sie für gegenseitiges Verständnis unter den Geschlechtern sorgt, Verträglichkeit, Duldsamkeit und Kameradschaft anstrebt und damit die Gemeinschaftsfähigkeit der spätern Erwachsenen vor-

bereitet. Sexual-*Aufklärung* hingegen muß Sache der Eltern sein. Da aber die Eltern nur teilweise dazu bereit und imstande sind, kommt der Schule vorläufig eine Doppelaufgabe zu. Einerseits soll sie auf der Unter- und Mittelstufe (1. bis 6. Schuljahr) dann orientierend eingreifen, wenn sich Situationen ergeben, die das rechtfertigen. Dies muß aber mit Vorsicht und Zurückhaltung geschehen. Der Lehrer wird erst dann solche Fragen aufgreifen, wenn in der Klasse ein Vertrauensverhältnis aufgebaut ist, also nicht sofort nach der Übernahme einer neuen Klasse.

Wenn sich im Kindergarten und in den ersten Schuljahren in einer Klasse eine merkliche Beunruhigung erkennen läßt, die durch geschlechtliche Neugier oder bestimmte Vorkommnisse erzeugt wird, ist es unbedingt zu empfehlen, sich an Elternabenden oder in persönlichen Gesprächen über die Schwierigkeiten auszusprechen. Die Pflege der Verbindung mit dem Elternhaus muß auch mithelfen, die Eltern zu ermutigen und zu befähigen, die Sexualaufklärung ihrer Kinder zu übernehmen. (Wie diese Aufklärung jeweils für den Augenblick notwendig ist, dazu steht viel gute Literatur zur Verfügung, siehe Anhang.)

Die Tatsache, daß bei uns Jungen und Mädchen gemeinsam zur Schule gehen, macht es möglich, auftretende Spannungen unter den Kindern leicht zu erkennen und durch Gespräche abzubauen. (Großangelegte Untersuchungen durch die Lehrkraft und Strafen bringen nichts und steigern nur noch die bestehende Unruhe in der Klasse.)

Das Gespräch zwischen Schule und Eltern gewinnt im Lichte der Sexualerziehung vermehrte Bedeutung. Daß es noch besser in Gang komme, bedarf es auf beiden Seiten gezielter Anstrengungen.

# 4. Sexualität und Gesellschaft

*Kinder im Abseits*

Es kommt immer wieder vor, daß gewisse Kinder den Anschluß an ihre Kameraden nicht finden. Das beginnt schon im frühen Kindesalter. Ausländerkinder, die Sprachschwierigkeiten haben, und Behinderte, die viele Spiele nicht mitmachen können, haben es schwerer und werden oft vom «Rudel» ausgestoßen. Es kann sich aber auch um weniger anmutige oder um schwache, ängstliche Kinder handeln, die schon daheim auf dem Spielplatz und später im Kindergarten und in der Schule beim Großteil ihrer Kameraden nicht «ankommen». Für solche Vernachlässigte können die Eltern beliebter Kinder und die Lehrer viel tun, indem sie sich energisch für deren Rechte einsetzen, Verständnis für sie wecken und dafür sorgen, daß sie nicht übergangen, sondern auch in die Gemeinschaft aufgenommen werden. Sehr schwer haben es auch gewisse Einzelkinder, deren Mutter ihren Liebling nicht zu andern Kindern gehen läßt aus Angst, er könnte etwas Schlechtes von ihnen lernen. Oft spielt eine starke Mutterbindung mit, besonders bei Buben, die ein eifersüchtiges Überwachen zur Folge hat. Das Einzelkind wird wohl mit Mutterliebe übersättigt, muß aber ohne Kontakt zu andern aufwachsen.

Alle diese Einsamen und Ausgeschlossenen sind in bezug auf geschlechtliche Fehlentwicklungen besonders gefährdet. Sie werden es als Erwachsene schwerer haben, natürliche Beziehungen zum andern Geschlecht aufzubauen, was bis zu asozialem Verhalten, ja sogar zu Kriminalität führen kann. Deshalb sollte von den Erziehern alles daran gesetzt werden, solche Kinder vor dem Abseitsstehen zu bewahren.

*Schutz des Kindes vor sexuell abnorm Veranlagten (Pädophilen)*
Leider müssen heute schon die ganz kleinen Kinder davor gewarnt werden, sich von einem Fremden, aus welchem Grund auch immer, weglocken zu lassen oder zu ihm ins Auto zu steigen. Jede Mutter fragt sich, wie sie dies erklären kann, ohne das Kind dadurch ängstlich und mißtrauisch zu machen. Einen sichern Schutz gibt es nicht, denn solche sexuell Abnormale können sich auch unter Verwandten und Nachbarn befinden. Ein Kind, das sich bei seinen Eltern absolut geborgen fühlt, wird viel seltener das Opfer eines Pädophilen als eines, um das man sich zu wenig kümmert. Die Mutter soll sich immer vom Kind erzählen lassen, wo es sich aufgehalten hat. Es muß lernen, nie ohne Erlaubnis der Eltern mit andern Personen wegzugehen, auch dann nicht, wenn es um eine Gefälligkeit gebeten wird (Weg zeigen, Paket tragen usw.). Falsch wäre es, dem unbefangenen Kind genau zu erklären, worauf es solche Menschen abgesehen haben. Doch kann man zum Beispiel sagen, daß es Leute gebe, die einem etwas Böses antun wollen (wie im Märchen). Das wichtigste ist wohl das uneingeschränkte Vertrauen des Kindes zu den Eltern. Es muß wissen, daß es in allen seinen Äußerungen verstanden wird und deshalb auch ohne Angst alles erzählen darf.

*Und wenn trotz aller Vorsicht etwas geschehen ist?*
Wenn trotz der Wachsamkeit der Eltern dem Kind etwas Derartiges zustößt, werden es die Eltern meist an seinem Verhalten bemerken, auch wenn es vorerst nicht damit herausrückt. Da ist es von großer Bedeutung, wie sie darauf reagieren. Je nachdem ist es eventuell angebracht, den Arzt aufzusuchen und die Polizei zu verständigen, um weitere ähnliche Vorkommnisse zu verhindern. Das betroffene Kind darf bei der Befragung keinesfalls bedrängt und beunruhigt werden. Am besten geschieht es durch die Mutter oder eine andere vertraute Person. Das Kind soll möglichst wenig von den Umtrieben merken. Es ist ratsam, wenn es die Eltern abzulenken suchen, indem sie ihm zum Beispiel einen lang gehegten Wunsch erfüllen (Meerschweinchen, Hamster usw.). Damit erhält sein Denken und Fühlen andere Inhalte. Sollten sich aber in der Folge Anzeichen seelischer Schäden zeigen, wäre ärztliche Beratung zu empfehlen.

*Einflüsse der heutigen Konsumgesellschaft*
Zwischen dem Konsumverhalten und der Einstellung zur Sexualität bestehen Zusammenhänge. Wie sich diese auf verschiedenen Altersstufen auswirken, wird S. 39 besprochen.

# Zusammenfassende Schlußbemerkungen

Das Kapitel über die erste Altersstufe, worin das Kind von der Geburt bis zu seinem neunten Jahr begleitet wird, ist recht umfangreich geworden. Es kommen aber darin grundlegende Entwicklungs- und Erziehungsfragen zur Sprache, die uns in veränderter Art auch in der Darstellung der anschließenden Lebensphasen beschäftigen werden. Wir halten nochmals folgende Punkte fest:

— Was in der Zeit bis zur Schulreife geschieht, ist für die weitere Entwicklung entscheidend, auch für das spätere Sexualverhalten.
— Sexualerziehung kann nur von der Gesamterziehung aus angegangen werden. «Alle Erziehung ist auch Sexualerziehung, selbst wenn mit ihr die genitale Sexualität nicht berührt wird.» (Hans Zulliger)
— Das Kind bedarf einer Führung, die seiner Eigenart gerecht wird.
— Sein Verhalten richtet sich nach dem, was seine Umgebung ihm vorlebt.
— Impulse, die in der frühen Kindheit aufgenommen werden, tauchen in verwandelter Form in einer spätern Lebensphase wieder auf (Metamorphose).
— Einschränkend ist beizufügen: Erziehung allein vermag vieles, aber nicht alles. Persönliche Veranlagung und Umwelt sind mitbestimmend.

# II  Kinder im vierten bis sechsten Schuljahr

## 1. Das Kind in diesem Alter

Wie aus den abschließenden Bemerkungen des ersten Kapitels hervorgeht, ist für den Verlauf der ganzen weitern Entwicklung entscheidend, was das Kind in der Zeit bis zur Schulreife erlebt. Die Übergänge von einem Lebensabschnitt in den andern sind aber fließend.

*Bewußtseinswandel*
Im Verlaufe des 3./4. Schuljahres tritt bei den Kindern eine Veränderung ein. Am einzelnen Schüler läßt sich diese nicht immer so leicht feststellen. Vergleichen wir aber die seelisch-geistigen Strukturen der 3.- und 4.-Klässler miteinander, wird der Unterschied deutlich. Der 3.-Klässler trägt noch Züge kleinkindlicher Verträumtheit an sich, wie sie für den Erstklässler typisch ist, während sich der 4.-Klässler mit wachem Interesse

der näheren und weiteren Umgebung zuwendet. (Die 3. Klasse ist in diesem Sinne noch ein echter Teil der Unterstufe und bildet mit der 1. und 2. eine Einheit. Die 4. hingegen ist eindeutig der Mittelstufe zuzurechnen.) Diese Tatsachen beruhen auf einem Wandel des Bewußtseins. Vom Zeitpunkt an, da das Kind zu sich selber «ich» sagt (um das 3. Lebensjahr), entwickelt sich das *naive Selbstbewußtsein*, das im 9./10. Altersjahr zu Ende geht. Die neue Phase des *gefühlshaften Selbstbewußtseins* nimmt ihren Anfang. Das Kind, dem diese Vorgänge unbewußt bleiben, beginnt sich von seiner Umgebung etwas abzulösen. Das bisher enge Verhältnis zu Eltern und Lehrer lockert sich und macht einer kritischeren Haltung — auch sich selber gegenüber — Platz. Dieser Bewußtseinswandel bewirkt auch ein verändertes Verhalten zum andern Geschlecht. Aus Kindern werden Knaben und Mädchen, die nicht mehr ohne weiteres miteinander spielen und in der Schule nebeneinander sitzen wollen. Es ist Aufgabe des Erziehers, aufkeimende Gegensätze zu überbrücken, was bei Gemeinschaftserziehung leichter möglich ist.

*Erweiterter Erfahrungskreis*

Das Kind hat in diesem Alter ein anderes Verhältnis zu seiner Familie und zu sich selbst. Sein Lebenskreis hat sich bedeutend erweitert. Es folgt mehr den Gesprächen der Erwachsenen und hört dabei von Dingen, für die es bis dahin kein Interesse zeigte: Junge Leute aus seiner Umgebung finden einen Freund oder eine Freundin und treten als Paar auf; im Bekanntenkreis der Eltern werden Kinder geboren; es hört Diskussionen über Eheschwierigkeiten seiner Eltern oder bei Eltern von Nachbarskindern, über außerehelich geborene Kinder usw. Es besucht auch Kameraden zu Hause und stellt Vergleiche mit dem eigenen Heim an. Seine Aufmerksamkeit für menschliches Zusammenleben hat eine erweiterte Dimension angenommen.

In den Lebenskreis des Kindes treten oft Menschen, die in irgendwelcher Art aus dem Rahmen fallen (Trinker, Arbeitsscheue, Drogenabhängige). Auch hier bestimmt die Einstellung der Erwachsenen zu Menschen, die am Rande der Gesellschaft stehen, weitgehend das Verhalten der Jugend (daß sie zum Beispiel nicht ausgelacht werden dürfen, sondern auf die Hilfe und Toleranz ihrer Mitmenschen angewiesen sind).

Es kann aber auch sein, daß eigene Kameraden ein besonderes Verständnis brauchen, zum Beispiel außereheliche Kinder und solche aus geschiedenen Ehen sowie alle körperlich und geistig Behinderten. Sie sind für Liebe und Zuwendung meist sehr dankbar.

# 2. Geschlechtliches Verhalten

*Erlebnisdrang und Wissenshunger*

Bei guten häuslichen Verhältnissen und Freude an der Schule ist der Primarschüler im allgemeinen körperlich und seelisch ausgeglichen. Er ist fröhlich, unternehmungslustig und besonders in den ersten drei Schuljahren von naiver Unbeschwertheit. Die sexuellen Kräfte sind wohl vorhanden, treten aber bis zirka ins sechste Schuljahr noch wenig in Erscheinung. Erfahrene Lehrer der Mittelstufe bestätigen, daß das Kind auch in diesem Alter von geschlechtlichen Problemen noch weitgehend unbehelligt ist. Zwischen dem Zahnwechsel und der Geschlechtsreife entwickelt es vor allem seine Empfindungs- und Gemütskräfte. Es muß eine Gefühlsgrundlage geschaffen werden, die dem erwachenden Verstand als Nährboden dient.

Die Schule kann dazu viel beitragen, wenn der ganze Unterricht auf der Primarschulstufe vom künstlerisch-ästhetischen Element getragen ist. Ein Lehrstoff, der mit fertigen Begriffen — also in intellektueller Form — an das Kind herangebracht wird, kann nicht mehr in ihm weiterwachsen und verzehrt Lebenskräfte. Gelingt es dem Erzieher aber, den Unterricht so zu gestalten, daß er sich an die schöpferische Phantasie wendet, so wird das Kind viel weniger schulmüde, im Gegenteil: es möchte seinen Horizont nach allen Seiten ausweiten und dabei sein Wissen bereichern. In der Schule arbeitet es mit großem Eifer mit und beschäftigt sich in der Freizeit mit Lesestoffen, die seiner Erlebnisbereitschaft

und seinem Wissenshunger gerecht werden. Aus dem breitgefächerten Interessenkreis (Natur, Geschichte, künstlerische Tätigkeit, Technik, Sport usw.) können sich bereits Schwerpunkte bilden, welche die Berufsfindung erleichtern.

Was hat dies alles mit Sexualität zu tun? Sehr viel:

— Je größer der Erlebnisschatz ist, den das Kind ins Pubertätsalter hinüberrettet, um so weniger schwer wird es dem Heranwachsenden fallen, sich mit seiner erwachenden Sexualität und seiner Ich-Findung auseinanderzusetzen.

— Sinnvolle Beschäftigungen in Elternhaus und Schule bilden den besten Schutz vor unerwünschten Umwelteinflüssen (schädliche Literatur, falsche Ideale, passives Konsumieren).

*Gespräch zwischen Eltern und Lehrern*
Wenn daheim oder in der Schule trotzdem Zeiten geschlechtlicher Beunruhigung auftreten, werden diese meist durch Eindrücke und Erlebnisse von außen hervorgerufen (falsche Aufklärung, Kinoreklame, schlechte Unterhaltungsliteratur, Gespräche über Sexualverbrechen, eventuell Kontakte mit geschlechtlich Abartigen usw.). Stellen Eltern oder Lehrer eine solche Unruhe fest, ist es notwendig, gegenseitig Verbindung aufzunehmen und in persönlichem Gespräch oder an einem Elternabend abzuklären, was vorliegen könnte. Meist wird es nötig sein, über die Gründe der Beunruhigung mit den Kindern zu reden. Ob dies durch die Eltern oder mit ihrer Zustimmung durch den Lehrer zu geschehen hat, ist Sache der Abmachung. Ziel solcher Unterredungen muß sein, verworrene oder anstößige Vorstellungen über geschlechtliche Belange zu klären und damit mögliche seelische Belastungen abzubauen, die die

Aufnahme- und Leistungsfähigkeit eines einzelnen Kindes oder einer ganzen Klasse für Wochen blockieren können. Das ist in der Zeit des Übertritts in eine höhere Schulstufe von besonderer Bedeutung. Für schwierige Fälle stehen Fachleute zur Verfügung (Schulpsychologischer Dienst, Erziehungs- und Familienberatungsstellen).

# 3. Geschlechtsorgane und ihre Funktionen

*Über Zeugung, Schwangerschaft und Geburt*
Die für die Unterstufe (1.—3. Schuljahr) genannten Gesprächsstoffe beschäftigen dann die Mittelstufe (4.—6. Schuljahr) in erweiterter Art. Wegleitend sei dazu die Meinung Horst Scarbaths angeführt: «Das Kind erwartet keine Vorlesung über die ‹technischen› Einzelheiten des Sexualbezugs. Es fragt viel mehr nach dem Lebenssinn der geschlechtlichen Phänomene, um sie in seinem Selbst- und Weltverständnis einordnen zu können.»

Die männlichen Fortpflanzungsorgane sind für das Kind leichter zu verstehen als diejenigen der Frau, weil sich diese im Leibesinnern befinden. Ihr Aussehen und ihre Zweckbestimmung sind, auch wenn man sie schematisch darstellt, nicht einfach zu erklären. Es muß aber im Hinblick auf die bevorstehenden körperlichen Veränderungen (Menstruation und Pollution) trotzdem versucht werden. Der Vorgang der geschlechtlichen Vereinigung

kann in ähnlicher Art dargestellt werden wie S. 26 vorgeschlagen. Die Frage, ob zur Erklärung der menschlichen Fortpflanzung Hinweise auf analoge Vorgänge bei Tieren angebracht seien, ist umstritten. Die Gegner befürchten eine Entwürdigung der menschlichen Sexualität. Kinder, die mit Tieren aufwachsen und dabei Gelegenheit haben, Paarung und Geburt aus eigener Anschauung kennen zu lernen, stehen diesen Geschehen unbefangen gegenüber. Es sollte selbstverständlich sein, daß der Erzieher auf diesbezügliche Fragen eingeht. Wenn das Kind wissen will, ob es beim Menschen gleich sei wie beim Tier, ist es wichtig, gefühlsmäßig das Verständnis dafür vorzubereiten, daß — im Gegensatz zu den Tieren — die geschlechtliche Vereinigung beim Menschen auch Ausdruck inniger Liebe und Verbundenheit ist und nicht nur körperliche, sondern auch charakterliche Reife voraussetzt.

# 4. Sexualität und Gesellschaft

*Konsumverhalten und Einstellung zur Sexualität*
Zwischen dem Konsumverhalten und der Einstellung zur Sexualität bestehen Zusammenhänge: Das Konsumverhalten in der Jugend wirkt sich später auf das Sexualverhalten aus.
Der beispiellose Wohlstand der letzten Jahrzehnte, von dem alle Schichten unserer Gesellschaft mehr oder weniger profitieren, hat unsere Lebensgewohnheiten grundlegend beeinflußt. Wir erachten heute Möglichkeiten des Lebensgenusses und der Daseinsverschönerung, die früher materiell bevorzugten Schichten vorbehalten waren, weitgehend als selbstverständlich: Ferien im Ausland — auch in fernen Ländern, eigenes Auto, Zweitwohnung, Perserteppiche und Pelzmäntel. Wir sind dabei in Gefahr, zu verlernen, echte und künstlich erzeugte Lebensbedürfnisse auseinanderzuhalten, und weder im Verzicht noch in der Beschränkung unserer Wünsche einen Sinn zu sehen. Warum soll man sich nicht einen zweiten Fernseher leisten, wenn es doch ständig Krach gibt wegen der Programmwahl? Warum nicht sein noch gut erhaltenes Auto gegen das neueste Modell eintauschen, das noch mehr bietet?
Diese gedankenlose Konsum- und Wegwerfhaltung, begünstigt durch das angeblich unbegrenzte Wirtschaftswachstum, ist eine typische Wohlstandserscheinung. Sie wirkt sich natürlich auf die Erziehung aus. Die Kinder leben in der Meinung, jedermann habe so etwas wie ein Recht auf die unbeschränkte Erfüllung seiner Wünsche. Das zeigt sich schon beim Kleinkind, wenn es von seiner häufig lutschenden oder rauchenden Mutter mit Schleckzeug verwöhnt wird. Viele Kinder lassen sich bald jede Gehorsamsleistung mit Süßigkeiten abkaufen. Sie lernen, die Erfüllung ihrer Wünsche zu ertrotzen. Die Eltern sind diesen Begehren gegenüber oft hilflos, weil es ihnen an wirksamen erzieherischen Gegenmaßnahmen mangelt. Ein so egoistisch gewordenes Kind wird Mühe haben, sich bei Schuleintritt in der Klassengemeinschaft zurechtzufinden. Es kann nicht wissen, daß der Aufschub einer Wunscherfüllung den schließlichen Genuß zu erhöhen vermag und bringt sich dadurch um manche echte Freude.

Der phantasiebegabte Erzieher weiß Verzichtübungen wie sportliche Wettkämpfe zu gestalten und auszuwerten. So gewinnt das Kind eine gewisse Härte gegen sich selbst und wird unabhängiger von seinen Wünschen. Die Fähigkeit, seine Begehren hintanzustellen, ist eine wichtige Voraussetzung menschlichen Zusammenlebens. Wer sie als Kind nicht gelernt hat, kann sie sich später nur schwer erwerben. Das gilt für die Beherrschung seiner Zunge, seines cholerischen Temperaments ebensogut wie für die Haltung gegenüber Genuß- und Suchtmitteln aller Art. Es gilt selbstverständlich auch für das Sexualleben. Wer sein Kind gedankenlos oder aus Bequemlichkeit ans Konsumieren gewöhnt, wird vom Heranwachsenden nicht erwarten können, daß er für Verzichtübungen Verständnis aufbringt und sich den Anordnungen der Eltern beugt.

Wichtig ist es auch, den Jugendlichen im Hinblick auf ihre Konsumhaltung bewußt zu machen, wie sehr sie von tüchtigen Geschäftsleuten manipuliert werden. Die Freiheit, die ihnen das oft ansehnliche Taschengeld verschafft, besteht nur scheinbar. Oft wird doch nur das gekauft, was ihnen eine raffinierte Reklame aufdrängt. Heranwachsende sollen auch wissen, daß mit der Sexualität gute Geschäfte gemacht werden (angeblich erzieherisch wertvolle Filme, Zeitschriften, Show-Business).

# III Heranwachsende im sechsten bis achten Schuljahr

## Vorbemerkungen

*Unterschiedliche Reifegrade*

In den Kapiteln 1 und 2 war von *den* Altersstufen die Rede, in denen die kindliche Sexualität wohl latent vorhanden, aber normalerweise noch nicht erwacht ist. Mit den Kapiteln 3 und 4 treten wir in die Phase der aktiv gewordenen geschlechtlichen Kräfte ein. Die Kleinkind- und Schülerzeit geht mit den pubertären Vorgängen allmählich über ins Jugendlichenalter. Die 6. Klasse, die hier sowohl bei der 2. als auch bei der 3. Altersgruppe aufgeführt ist, befindet sich im Grenzbereich. Während die Jungen gewöhnlich von sexuellen Problemen noch nicht direkt betroffen sind, erleben viele Mädchen in diesem Alter schon die erste Monatsblutung. Außerdem ist mit jenen Schülern zu rechnen, die später eingeschult wurden, eine Klasse wiederholen mußten oder aus einem südlichen Land stammen und deshalb körperlich früher reif sind als ihre Klas-

senkameraden. Für sie gilt das, was in diesem Kapitel dargestellt ist.

Ähnliche Überlegungen haben dazu geführt, auch die 8. Klasse zwei Gruppen zuzuteilen, weil einzelne Schüler bereits die Hochpubertät hinter sich haben und daher als Jugendliche anzusprechen sind.

*Verlagerung der Aufgaben zwischen Elternhaus und Schule*

Mit dem Eintritt des Heranwachsenden in die Phase der aktiven Sexualität stehen Elternhaus und Schule vor einer grundsätzlich veränderten Situation, die ein Neuüberdenken der Erziehungsaufgaben notwendig macht. Die Bereiche verlagern sich, indem die bisher mit Vorteil von den Eltern vollzogene geschlechtliche Belehrung ihrer Kinder jetzt vom Biologieunterricht der Schule übernommen wird. Während die Aufklärung des Primarschülers in der Regel wenig besondere Kenntnisse voraussetzt, braucht der Oberstufenschüler das erweiterte exakte biologische Wissen des Lehrers über die Fortpflanzungsvorgänge. Die erwachenden Verstandeskräfte er-

möglichen es dem Schüler, den dargebotenen Stoff sachlich aufzunehmen und zu verarbeiten. Der klassenweise Unterricht ist jetzt zu verantworten. Eventuelle Entwicklungsunterschiede fallen nicht mehr stark ins Gewicht.

Im Gegensatz zur Aufklärung wird die geschlechtliche *Erziehung* auf der Oberstufe und in den weiterführenden Schulen immer problematischer. Das Verhalten des Jugendlichen wird in dieser Zeit durch seine erwachte Sexualität weitgehend geprägt. Um sich zurechtzufinden, bedarf er der Hilfe des Erwachsenen. Für den Lehrer stellt sich nun die Frage, wie weit er den Heranwachsenden beeinflussen darf, da ja für die Einstellung zur Sexualität heute keine allgemein gültigen Normen mehr bestehen. Der Lehrer kann aber unmöglich unterrichten, ohne einen persönlichen Standpunkt zu beziehen. So muß er denn damit rechnen, von einem Teil der Eltern und der Öffentlichkeit kritisiert und angefochten zu werden. Er darf deshalb keine extremen Auffassungen vertreten, um die Konflikte, die ohnehin mit der Ablösung vom Elternhaus verbunden sind, nicht noch unnötig zu verschärfen. Ebensowenig darf er sich der verantwortungsvollen Aufgabe entziehen, in Gespräch und Diskussion den Jugendlichen in seiner Ichfindung zu fördern, was wiederum dessen Einstellung zur eigenen Sexualität klären hilft.

*Unlösbare Problematik?*
Aus der eben geschilderten Situation ergeben sich schwer zu lösende Widersprüche: Einerseits sieht sich der Lehrer gezwungen, auf den durch fehlende Normen entstandenen Pluralismus Rücksicht zu nehmen, andererseits kann er als Erzieher nicht wertneutral unterrichten. Dazu kommt als weitere Erschwernis die Verjün-

gung des Lehrkörpers. Es ist normal und sogar wünschenswert, wenn der junge Erwachsene der Gesellschaft kritisch gegenübersteht, sie verändern möchte und dabei zu extremen Lösungen neigt. Dem jungen Lehrer fällt es deshalb oft schwer, bei der Vielzahl der Anschauungen den für ihn vertretbaren Mittelweg zu finden. Wenn es auch bei dieser vielschichtigen Problemstellung keinen allgemeingültigen Weg gibt, so wirkt es schon hilfreich auf den Jugendlichen, wenn er spürt, daß der Erwachsene der Auseinandersetzung nicht ausweicht, sondern auf ihn und seine Angelegenheiten eingeht, sie ernst nimmt und ihm eine Richtung zu weisen versucht. (Vgl. auch S. 45)

# 1. Die Heranwachsenden in diesem Alter

*Pubertäre Suche nach sich selbst*
Der Schüler dieses Alters hat zu seiner Umgebung ein mehr oder weniger zwiespältiges Verhältnis. Die Entdeckung des Gegensatzes Ich — Welt verunsichert ihn. Die bisherigen Autoritäten haben an Vertrauenswürdigkeit und Gewicht eingebüßt. Sie gehören der Welt der Erwachsenen an, die als große Unbekannte vor seinem ebenso unvertrauten eigenen Ich steht. Er muß im wahren Sinne des Wortes zunächst zu sich selbst kommen, mit seinem einsamen Ich bessere Bekanntschaft schließen und neues Vertrauen, Selbstvertrauen gewinnen.

Das gelingt ihm wesentlich besser, wenn ihm seine Umgebung trotz seinem oft ruppigen, labilen und aufsässigen Wesen Vertrauen entgegenbringt und damit seine Selbstsicherheit stärkt.

*Gespräche*

Über Kameradschaft, Freundschaft, Liebe, Ehe, Familie helfen Gespräche, die Voraussetzungen für spätere echte Ich-Du-Beziehungen zu schaffen. Auch Themen wie eheliche Untreue, Scheidung, Geschlechtskrankheiten, Kontakte mit Homophilen usw. sollen nicht tabu sein. Solche Gespräche — aus einer toleranten Haltung heraus geführt — können dazu dienen, den inneren Horizont des Jugendlichen auszuweiten, ihm klarzumachen, daß Fehler und Schuld zum Menschsein gehören und keiner davor bewahrt bleibt.

*Auseinandersetzung mit Schwierigkeiten*

In den Jahren zwischen Pubertät und Volljährigkeit steht der Schüler vor der Aufgabe, seine persönliche Reife zu erringen. Es wäre falsch, bei ihm den Eindruck zu erwecken, das Leben verlaufe immer schön und glatt und er trete in eine heile Welt ein. Auf der andern Seite darf er auch nicht entmutigt werden. Gerade in seinem Elternhaus sollte er erfahren, daß Lebensprobleme wohl bestehen, mit gutem Willen und Verständnis für den Nächsten aber meist gelöst werden können. Diese Einsicht ist für den Pubertierenden besonders wichtig, da er selber in einem Alter ist, wo Konflikte von außen an ihn herantreten oder aus seinem eigenen Innern aufsteigen (Schulschwierigkeiten, Berufswahl, Ablösungsprozeß vom Elternhaus, Sexual- und Selbstfindungsprobleme). Wenn er innerhalb der Familie lernt, den Schwierigkeiten nicht auszuweichen, sondern sich mit ihnen auseinanderzusetzen, indem man den Mut aufbringt, sie zur Sprache zu bringen, so ist für seine weitere Lebensgestaltung schon viel gewonnen. Wenn zudem seine Familie nicht nur für sich lebt und sorgt, sondern auch Anteil nimmt an Freud und Leid ihrer Mitmenschen im engen und weitern Lebenskreis, erfährt der Heranwachsende, daß er mit seinen Nöten nicht allein dasteht. Dem Pubertierenden ist es auch eine Hilfe zu wissen, daß er mit den ihn belastenden Problemen keine Ausnahme ist. Es wird ihm so eher gelingen, sich und seinen Kummer nicht allzu wichtig zu nehmen. Die Auseinandersetzung mit der Welt der Erwachsenen ist für die Ich-Entwicklung und Willensbildung des Jugendlichen von großer Bedeutung.

# 2. Geschlechtliches Verhalten

*Eintritt in die Frühpubertät*

Der Primarschüler, den wir als fröhlich, unternehmungslustig, unbekümmert und ausgeglichen geschildert haben, erfährt im Verlauf der 6./7. Klasse eine grundlegende Veränderung. Sie bildet den Abschluß der Kindheit und den Übergang zum Jugendlichenalter.

*Körperliche Veränderungen*

Der harmonische Körperbau geht vorübergehend verloren. Die Gesichtszüge werden gröber (Nase, Kinn), die

Arme und Beine wachsen rasch, die Hände und Füße vergrößern sich, die bisher behenden Bewegungen werden unsicherer und schlaksig. Bei den *Jungen* neigt die Stimme zum Kippen, wird mißtönig und vertieft sich schließlich. Der Adamsapfel tritt hervor, die Körperbehaarung wird deutlicher (Bartwuchs, Achselhöhle, Schamhaare), die Geschlechtsteile entwickeln sich und werden funktionsfähig (Pollutionen). Bei den *Mädchen* gehen die harmonischen Gesichts- und Körperformen ebenfalls verloren, wenn auch weniger auffällig als bei den Knaben. Die Brüste wachsen, was schmerzhafte Spannungen auslöst. Später runden sich die Hüften. Turnerische Leistungen (Klettern) lassen nach, die Bewegungsfreude nimmt ab. Die Schamhaare wachsen, die Monatsregel beginnt sich einzuspielen. Die Eierstöcke und damit der ganze Geschlechtsorganismus bereiten sich auf ihre spätere Tätigkeit vor.

### Seelisch-geistige Veränderungen

Die geschilderten körperlichen Wandlungen finden ihre Parallele im seelisch-geistigen Bereich. Die Schüler dieses Alters erleben die Spannungen, Ängste und Unausgeglichenheiten, die für den Höhepunkt des gefühlshaften Selbstbewußtseins charakteristisch sind. Die kritische Einstellung den Erwachsenen und sich selbst gegenüber wird ausgeprägter. Das Innewerden des Gegensatzes zwischen Ich und Welt hat eine große Unsicherheit zur Folge. Sie wird oft durch forsches, freches Auftreten und Rechthaberei überspielt, zeigt sich aber auch in Überempfindlichkeit und Sichabkapseln. Auffällig zwiespältig wird das Verhältnis zum andern Geschlecht: einesteils lehnt man es als etwas rätselhaft Unvertrautes ab, andernteils möchte man sich gerne näher kommen, getraut sich aber nicht.

### Gespräche der Eltern mit den Kindern

Bei einem Vertrauensverhältnis zwischen Eltern und Kindern sollte es auch während der schwierigen Zeit der Pubertät möglich sein, über die bevorstehenden oder bereits eingetretenen geschlechtlichen Veränderungen zu sprechen.

### Nächtliche Pollutionen

Das erstmalige Auftreten des nächtlichen Samenergusses und die eventuell damit verbundenen sexuellen Wunschträume können den Knaben beunruhigen. Vielleicht hat er gerüchtweise von Geschlechtskrankheiten gehört oder befürchtet ganz einfach, es stimme bei ihm etwas nicht. Es ist deshalb nötig, daß er vor dem Eintritt dieses Ereignisses darüber Bescheid weiß. Im Anschluß an ein Gespräch kann auch ein bewährtes Aufklärungsbüchlein gute Dienste leisten. Wird aber die rechtzeitige Orientierung unterlassen, hat dies keine schwerwiegenden Folgen. Unter Umständen ist es für die Mutter einfacher, mit ihrem Sohn darüber zu reden, wenn sie zum Beispiel Spuren in der Bettwäsche feststellt. Diese Gelegenheit sollte sie aber dann wirklich benützen, weil damit ein guter Ausgangspunkt für spätere Gespräche über die Onanie gegeben ist.

### Onanie

Die willkürlich hervorgerufenen Samenergüsse (Onanie, Masturbation oder Ipsation genannt) bedeuten für einen großen Teil der Pubertierenden ein Problem, das sie belastet, ja sogar quälen kann. In den letzten Jahrzehnten hat sich die Einstellung dazu gründlich geändert. Behauptungen, Onanie sei überaus gesundheitsschädlich und die von vielen Moraltheologen vertretene Auffassung, Selbstbefriedigung stelle eine schwere

Sünde dar, gehören der Vergangenheit an. Heute ist das Pendel eher auf die andere Seite ausgeschlagen. Jedenfalls ist dieses Thema immer noch umstritten. Sexualpädagogen wie H. Kentler, W. Reich u. a. finden, Grundlage und Richtschnur aller Sexualerziehung sei «das augenblickliche Glück des Heranwachsenden», das einem künftigen nicht geopfert werden dürfe. Eine Meinungsforschung bei Jugendlichen ergab indessen, daß etwa die Hälfte der Befragten die Onanie im Grunde ablehnt, diese wohl als entspannend, nicht aber als beglückend erlebt und trotz liberaler Erziehung Schuldgefühle dabei empfindet. Welche konkrete Antwort kann gegeben werden?

- Die Selbstbefriedigung geschieht im allgemeinen, um die durch den Geschlechtstrieb erzeugte Spannung zu lösen.
- Ein großer Teil der Jugendlichen behilft sich auf diese Weise.
- Mit dem wachsenden Ich-Bewußtsein ist es in den meisten Fällen möglich, diese Phase zu überwinden.
- Freude an einem besondern Wissensgebiet, an der Berufsarbeit, sportliches Willenstraining, künstlerische Betätigung (z. B. Instrumentalmusik), frohe Geselligkeit unter Kameraden können wirksame Hilfe bieten.
- Onanie soll nicht verteufelt und verdrängt werden, noch darf dem Drang dazu willenlos nachgegeben werden.
- Vertraute Gespräche sollen dazu führen, daß der Jugendliche lernt, dem Geschlechtstrieb seine Bewußtseinskräfte entgegenzusetzen und ihn – ohne ihn verdrängen zu müssen – mit der Zeit in Schranken zu halten.

Das beste, was die Eltern tun können, ist, auf jede mögliche Art das Selbstvertrauen des Jugendlichen zu stärken.

In schweren Fällen, wo der Jugendliche dem Zwang zur Selbstbefriedigung regelrecht verfällt und nicht mehr davon wegkommt, ist nach den tieferen Ursachen zu suchen. Ärztliche (d. h. psychologische) Beratung oder Behandlung kann notwendig sein. Wird diese Schwäche nicht überwunden, kann daraus die Unfähigkeit zu echter partnerschaftlicher Bindung hervorgehen.

*Menstruation*

Auch bei den Mädchen ist das bisherige Vertrauensverhältnis zu den Eltern die beste Voraussetzung zu Gesprächen über geschlechtliche Fragen. Vielleicht weiß das Kind schon lange über die monatlichen Blutungen Bescheid, weil es beim Einkauf von Binden und Tampons dabei war und von der Mutter über deren Verwendung die gewünschte Auskunft bekam. Ist dies nicht der Fall, muß die Mutter die Gelegenheit zu einem Gespräch über dieses Thema suchen, sobald sie bemerkt, daß die pubertäre Entwicklung einsetzt (Wachsen der Brüste). Außer der sachlichen Aufklärung ist es wichtig, auch die richtige innere Einstellung zur Monatsregel zu schaffen. Es dürfte nicht vorkommen, daß ein Mädchen von seiner ersten Blutung überrascht wird, ohne deren Bedeutung zu kennen. Nun kommt es sehr darauf an, in welcher Art die Mutter über diese Dinge spricht. Wenn sie zum Beispiel sagt: «O du armes Mädchen, mußt du diese Plage jetzt auch schon haben!», wird sie von Anfang an eine ablehnende Haltung zur Menstruation hervorrufen. Zeigt sie sich aber erfreut darüber, daß ihre Tochter die körperliche Reife als Voraussetzung zur späteren Mutterschaft erreicht hat, wird dies mögliche Ängste und innere Widerstände abbauen helfen. Es fällt den Mädchen dann immer noch schwer genug, sich mit den periodisch eintretenden Einschränkungen (Turnen, Schwimmen), eventuellen Schmerzen und Unannehmlichkeiten abzufinden. Wenn die Mutter zu wenig über die biologischen Vorgänge weiß, ist es ratsam, sich vorher bewährte Literatur zu beschaffen und diese nach einem Gespräch auch ihrer Tochter zu lesen zu geben.

### Vorgänge beim andern Geschlecht

Knaben und Mädchen müssen auch über *die* Vorgänge ins Bild gesetzt werden, die beim andern Geschlecht den Eintritt in die Pubertät bedeuten. Wenn wir gegenseitiges Verständnis anstreben und Geheimnistuerei verhindern wollen, ist eine andere Haltung gar nicht denkbar. Wie ausführlich die Eltern diese Mitteilungen gestalten, richtet sich nach der Art und dem Reifegrad des Kindes. (Es ist dann Aufgabe des Biologielehrers, im gegebenen Moment über Anatomie und Physiologie der Geschlechtsorgane weiter auszuholen.) Die elterlichen Auskünfte rufen den Kindern mehr oder weniger ins Bewußtsein, daß sie unmittelbar vor dem Eintritt der Zeugungs- bzw. Empfängnisfähigkeit stehen oder diesen Zustand schon erreicht haben und daß ihnen damit die physische Möglichkeit zu Intimbeziehungen gegeben ist. Je nachdem, wie sich das Kind bisher dem andern Geschlecht gegenüber verhalten hat, ob zurückhaltend und verträumt oder wach und lebhaft interessiert, kann die Vermittlung dieser Tatsache nur angedeutet oder ausdrücklich betont werden. Den Vorgerückten muß der Erzieher darauf aufmerksam machen, daß frühe Intimbeziehungen Verantwortungen mit sich bringen, denen er seinem derzeitigen persönlichen Reifegrad noch nicht gewachsen ist.

Ob diese Auskünfte nun vom Elternhaus oder von der Schule stammen, ausschlaggebend ist, daß sie mit dem notwendigen Feingefühl vermittelt werden, damit sie weder schockieren und beunruhigen noch zu sexuellen Aktivitäten stimulieren.

### Verhütungsmittel

Durch die Zeitumstände bedingt, muß im Zusammenhang mit der Aufkärung über die geschlechtliche Reife auch über die Möglichkeiten zur Verhütung einer Schwangerschaft gesprochen werden. Dies hat in der gleichen individuell angepaßten Weise zu geschehen, wie soeben dargestellt. Gute Anleitungen dazu finden sich in der Literatur.

### Scham

Wir stellten (S. 24) fest, daß über die Herkunft der Scham gegensätzliche Auffassungen bestehen und die Erziehungsmaßnahmen dementsprechend ausfallen. Obwohl die Einstellung zur Nacktheit heute allgemein viel liberaler geworden ist, taucht das Problem der Scham in der Pubertät erneut auf. Bisher unbefangene Kinder scheuen sich auf einmal, sich vor andern Menschen nackt zu zeigen. Dieses Verhalten ist vor allem auf die äußeren körperlichen Veränderungen zurückzuführen, die der Pubertierende an sich selber beobachtet und die er unbewußt mit seiner Unruhe, seinen Spannungen und Unausgeglichenheiten in Beziehung bringt. Wie nun der Erzieher auch immer über die Scham und deren Ursprung denken mag, sicher ist, daß er gut daran tut, wenn er die Empfindlichkeit des Jugendlichen respektiert, behutsam mit ihm umgeht und ihn nicht mit zudringlichen Fragen in Verlegenheit bringt.

*Koedukation in der Schule*
Die Tatsache, daß heute Jungen und Mädchen gemeinsam zur Schule gehen, erweist sich als hilfreich. In gemischten Klassen werden die Knaben manierlicher, die Mädchen herzhafter und natürlicher. Gemeinsame Unternehmungen (Theaterspiel, Schulverlegungen, Ausflüge, sportliche Anlässe, Hilfsaktionen usw.) bauen Barrieren ab und schaffen eine kameradschaftliche Atmosphäre. Man lernt die Klassengemeinschaft schätzen, die sich in diesem Alter voll entfalten kann.

*Gespräch des Lehrers mit den Schülern*
Der Lehrer stellt in der Klasse Unruhe und Zerstreutheit fest. Die Schüler haben Mühe, sich auf den Unterricht zu konzentrieren und sind offenbar mit andern Gedanken beschäftigt. — Irgendein Vorkommnis veranlaßt eines Tages den Lehrer, den Ursachen solcher Störungen nachzugehen. Es kann sein, daß die Mädchen häufiger als sonst zusammen tuscheln, die Buben sich auffälliger benehmen (z. B. mit Vulgärausdrücken auftrumpfen), daß Briefchen und Zeichnungen mit sexuellen Anspielungen herumgeboten oder Abortkritzeleien gemeldet werden. Ein Lehrer versteht solche Anzeichen richtig, wenn er daraus schließt, daß die Schüler von ihm eine Hilfe erwarten, weil sie sich mit Problemen herumschlagen oder durch Erlebnisse belastet sind, mit denen sie nicht fertig werden (Gerüchte über sexuelle Handlungen unter Schülern oder Jugendlichen, sexuelle Kontakte mit Erwachsenen, Zeitungsnotizen über Sexualverbrechen, Erfahrungen in Klassenlagern oder auf Schulreisen oder «Aufklärungsgespräche» unter Schülern).
Was kann der Lehrer zur Beruhigung beitragen? Er ergreift den nächstliegenden äußeren Anlaß zu einem Ge-

spräch mit den Schülern. Ist er pädagogisch geschickt, wird er nie versuchen, durch eine peinliche «Polizeiaktion» nach Schuldigen zu fahnden. Wohl wird er den Angelegenheiten der Schüler genügend Beachtung schenken und auf sie eingehen, dann aber ruhig und bestimmt mit ein paar gezielten Bemerkungen für Entspannung sorgen. Vielleicht wird er nach ein paar Tagen auf das Thema zurückkommen, um in gelöster Atmosphäre mit den Schülern über die Kräfte zu reden, die ihnen in den nächsten Jahren besonders zu schaffen machen werden. Entsprechend ausgewählter Lesestoff kann die Bemühung des Lehrers wirksam unterstützen. Ein Briefkasten für anonyme Frager kann auch gute Dienste leisten. Wenn diese Maßnahmen nicht genügen, ist die Kontaktnahme mit den Eltern zu empfehlen. Der Lehrer kann auch versuchen, die Klasse durch einen besonders fesselnden Unterrichtsstoff auf andere Gedanken zu bringen.

# 3. Geschlechtsorgane und ihre Funktionen

*Aufgabe des Biologieunterrichts*
Der Biologieunterricht der Oberstufe befaßt sich unter anderem mit dem Bau des menschlichen Körpers und den Funktionen seiner Organe. Dazu gehören selbstverständlich auch die der Fortpflanzung dienenden Körperteile. Der Schüler dieser Stufe besitzt die Verständnis-

möglichkeit für die Physiologie der Keimzellen, deren Entwicklung in den Eierstöcken und den Hoden, für die Befruchtungsvorgänge und die Monatsblutung. Der Lehrer soll sich vor allem auf die Erklärung des Fortpflanzungsprinzips beschränken, statt den Schülern eine Menge Detailwissen vorzutragen, das ihr Aufnahmevermögen vielleicht übersteigt. Es erübrigt sich also, Einzelheiten der Vererbungslehre darzustellen oder über Gene und Chromosomen und die Funktion der Hormone und deren Steuerung eingehend zu reden. Dafür sollen sich die Schüler eine Vorstellung von den embryonalen und fetalen Entwicklungsstadien des werdenden Kindes machen können und etwas ausführlicher über die Geburt, mögliche Komplikationen und Risiken orientiert werden (Fehl-, Tot-, Frühgeburt, Kaiserschnitt).
Während in den vorausgehenden Klassen die Sexualaufklärung im Sinne der Unterstützung der Eltern mehr aus den sich ergebenden Gelegenheiten heraus zur Sprache kommt und Lektionen im strengen Sinne die Ausnahme bilden, soll sie im Rahmen des Biologieunterrichts auf gründlicher Vorbereitung beruhen, genau wie die Lektionen über andere Teile des menschlichen Körpers. Das wird zur Versachlichung des Unterrichts beitragen, ohne indes den Lehrer auch in andern Fächern zu hindern, auf die besondere Bedeutung der Sexualität im menschlichen Leben hinzuweisen.

*Schulen mit Fachlehrern*
In Schulen, wo jede Klasse durch verschiedene Lehrer unterrichtet wird, ist es dennoch möglich, das in der Biologiestunde erworbene Wissen durch enge Zusammenarbeit mit den Kollegen zu erweitern und zu vertiefen. Es kann zum Beispiel ein entsprechender Lesestoff ausgewählt werden, worin Freundschaft und Liebe im

Mittelpunkt der Handlung stehen. Damit wird das biologische Wissen über die Sexualität in gesamtmenschliche Lebens- und Schicksalszusammenhänge hineingestellt.

*Empfängnisverhütung*
Wie weit der Biologielehrer auf dieser Stufe die Schüler über die empfängnisverhütenden Mittel aufklären soll, hängt sehr von der Zusammensetzung und dem Entwicklungsstand der betreffenden Klasse ab. Auf jeden Fall muß er vorher mit den Eltern in Verbindung treten, mit ihnen über den zu vermittelnden Stoff diskutieren und ihre Zustimmung einholen. Dies ist besonders deshalb zu beachten, weil die Schüler in der Regel noch im Schutzalter (16 Jahre) stehen. Dasselbe gilt für Gespräche über Porno- und Sexliteratur, Abtreibung, Bordelle, Geschlechtskrankheiten, Homophile und weitere geschlechtlich Andersartige.

# 4. Sexualität und Gesellschaft

*Generationenkonflikt*
Während der Vorschul- und Primarschulzeit fällt es einsichtigen Eltern noch verhältnismäßig leicht, ihre Kinder wenigstens teilweise vor unerwünschten Umwelteinflüssen zu schützen. Mit dem Eintritt der Pubertät aber wird es immer schwieriger, gegen den Strom zu schwimmen und die Kinder weiterhin nach eigenem Gutdünken zu erziehen. Diese Tatsache hängt einerseits mit dem Ablösungsprozeß zusammen, der eine normale und begrüßenswerte Erscheinung ist. Andererseits tragen die Eltern die Verantwortung für ihre Kinder bis zu deren Volljährigkeit. Sie befürchten mit Recht, daß sich diese – wenn sie sie einfach gewähren lassen – Gefahren aussetzen, denen sie unter Umständen nicht gewachsen sind (zu frühe geschlechtliche Kontakte, Suchtmittelproblem). Aus diesem Spannungsverhältnis zwischen den Eltern und ihren halbwüchsigen Kindern entstehen Generationenkonflikte, die heute oft genug besonders scharfe Formen annehmen. Die Jungen finden ihre Eltern altmodisch und rückständig und sehen nicht ein, warum ihnen versagt sein soll, was andern erlaubt wird. Die Eltern dagegen fühlen sich durch die verfrühten Ansprüche und Begehren ihrer Kinder verunsichert, weil es für die Erziehung keine allgemeingültigen Richtlinien mehr gibt. Am besten läßt sich dies an praktischen Beispielen darlegen, wie sie in vielen Familien zur Tagesordnung gehören.

*Einladungen zu Parties*
Um Auseinandersetzungen zu vermeiden, schlagen viele Eltern den einfachsten Weg ein, indem sie ihrem Kind die Teilnahme kurzerhand verbieten oder es ohne Fragen und Vorbehalte gehen lassen. Vielleicht wünscht aber das Kind gerade, daß man sich immer wieder Zeit nimmt, mit ihm über die ihm wichtig scheinenden Angelegenheiten zu reden (oft zu streiten), was viel Geduld, Einfühlungsgabe und Verständniswillen erfordert. Viele Heranwachsende brauchen diese «Reibereien», weil sie sich mit der Welt der Erwachsenen auseinandersetzen und daran ihren eigenen Standpunkt erarbei-

ten müssen, um so zu sich selber zu finden. In dieser Trotzphase *muß* der Jugendliche auf den Widerstand der Erwachsenen stoßen. Er lernt dadurch, seine eigenen Grenzen abzustecken. Um auf den Partybesuch zurückzukommen: Statt diesen strikte zu verbieten oder ohne Vorbehalt zu erlauben, ist es ratsam, sich nach den näheren Umständen zu erkundigen. Es ist zweierlei, ob das Fest am Nachmittag oder nach dem Abendessen stattfindet. Des weitern ist danach zu fragen, wie lange es dauern soll (Frage des Abholens), ob Erwachsene im Hause sind, wer alles daran teilnimmt, welchen Verlauf es nehmen soll. Man kann sich, wenn nötig, mit andern Eltern oder mit den Gastgebern in Verbindung setzen und sich gemeinsam absprechen (z. B. kein Alkoholkonsum). Je nachdem, wie das Kind über das Fest erzählt, werden aufmerksame Eltern Schlüsse für ihr zukünftiges Verhalten ziehen können.

Wenn das Kind um Erlaubnis bittet, mit Kameradinnen und Kameraden einen Ausflug zu machen, gelten ähnliche Verhaltensregeln.

*Einladungen des Freundes nach Hause*
Bringt die Tochter ihren Freund mit nach Hause, um zum Beispiel in ihrem Zimmer mit ihm Platten zu hören, dürfen die Eltern weder mißtrauisch noch allzu vertrauensvoll sein, wenn sie Wert darauf legen, daß ihr Kind nicht zu früh Intimbeziehungen aufnimmt. Es ist erwiesen, daß sexuelle Frühkontakte (Petting und Geschlechtsverkehr) sehr häufig im Elternhaus stattfinden. Wie sich die Eltern verhalten sollen, wenn sie dem allgemeinen Trend zu verfrühten sexuellen Erlebnissen entgegenwirken wollen, ist ausführlicher S. 39 dargestellt. Allgemein muß aber schon auf dieser Altersstufe auf die Verschiedenheit der männlichen und weiblichen Sexualität aufmerksam gemacht werden. Der Jugendliche darf sich nicht von der vielfach geltenden Ansicht beeindrucken lassen, er müsse schon beizeiten seine männliche Potenz unter Beweis stellen. Die Prahlereien von Kameraden über geschlechtliche Abenteuer dürfen nicht als bare Münze genommen werden. Die Mädchen müssen wissen, daß es viel an ihnen selber liegt, wie sich die Burschen ihnen gegenüber benehmen. Wenn die Mädchen fröhliche Kameradschaft und unbefangenes Beisammensein suchen, müssen sie mit ihren weiblichen Reizen Zurückhaltung üben. Sie haben es weitgehend in der Hand, den Verlauf eines geselligen Anlasses zu bestimmen.

Die Erzieher ihrerseits dürfen nicht in den Fehler verfallen, das Kind in ängstlicher Fürsorge von allem fernhalten zu wollen. Sie dürfen es ruhig ein wenig «loslassen». Vielleicht braucht es gewisse Erfahrungen, um zu lernen, seine eigenen Verhaltensweisen zu finden. Wenn die Eltern bis jetzt ihrem Kind genügend Zeit gewidmet und es in seiner Entwicklung mit Liebe und innerer Anteilnahme, aber auch mit wachem Sinn begleitet haben, dürfen sie darauf bauen, daß sein «innerer Kompaß» es nicht allzu weit von seinem Weg abgleiten lassen wird. Im übrigen gehören Risiken zum Leben.

# IV. Die Heranwachsenden im achten und neunten Schuljahr und in Berufs- und Mittelschulen

## 1. Die Heranwachsenden in diesem Alter

*Ich-Verwirklichung*

Im Mittelpunkt dieses Kapitels steht der junge Mensch, der die Wirrnisse der Pubertät mehr oder weniger überwunden hat und der Selbständigkeit entgegengeht. Die Erscheinungen des zweiten Gestaltwandels (Geschlechtsreife) sind am Abklingen. Die Schwankungen im Gefühlsleben gleichen sich aus und machen einer harmonischeren Seelenstimmung Platz. Die Proportionen im Gesicht und an den Gliedern werden ebenmäßiger, die Bewegungen sicherer. Gleicherweise erfährt auch das Ich-Bewußtsein eine Wandlung: Die Phase des gefühlshaften Ich-Bewußtseins, die im 9./10. Altersjahr begonnen und in der Pubertät ihren Höhepunkt erreicht hat, klingt ab. An dessen Stelle entfaltet sich das *wirklichkeitsbezogene Ich-Bewußtsein*. Allmählich werden die Kräfte frei für die gedankliche Erfassung der Lebensverhältnisse, des Berufs und des Arbeitsplatzes, des öffentlichen Lebens und seiner Aufgaben. Der Heranwachsende wird offen für Umweltprobleme, politische, religiöse und weltanschauliche Fragen. Sein eben erworbenes Selbstgefühl ermöglicht ihm auch, dem andern Geschlecht gegenüber eine freiere Haltung einzunehmen und echte, tiefe Freundschaften zu schließen.

*Der Jugendliche und die Familie*

Im Verlauf des dritten Lebensabschnitts vollzieht sich die Ablösung vom Elternhaus. Diese ist natürlich und notwendig, weil anders der junge Mensch nicht lernt, auf eigenen Füßen zu stehen. Normalerweise sollte die innere Ablösung vom Elternhaus bei Erlangen der Mündigkeit vollzogen sein. (Das heißt nicht, die Verbindung mit der Familie werde abgebrochen.) Ob dieser schwierige Prozeß gelingt, hängt von den verschiedensten Faktoren ab. Falsche Verhaltensweisen können sich unter Umständen verhängnisvoll auswirken. Dies soll an zwei Beispielen erhellt werden:

Ein siebzehnjähriges Mädchen, das bis jetzt innige Beziehungen zu seiner Familie, besonders zu seinem Vater hat, äußert den Wunsch, die Ferien gemeinsam mit seinem Freund zu verbringen. Der Vater, der eine schwierige Jugend gehabt hat und vom besten Willen beseelt ist, seinen Kindern heimische Geborgenheit zu bieten, und dafür keine Opfer scheut, ist schockiert und schlägt der Tochter den Wunsch empört ab. Die Jugendlichen machen trotzdem (oder erst recht), was sie wollen. Der Vater ist darüber sehr unglücklich und verbittert und will sie nicht mehr sehen. Der Bruch ist vollzogen. Alle Familienmitglieder leiden unter diesen Spannungen, und es ist nicht abzusehen, wie es weitergehen soll.

Eine alleinstehende oder eine von ihrem Gatten innerlich allein gelassene Frau wendet ihre ganze Liebe ihrem einzigen Sohn zu, der ihr Freude und Trost bedeutet und ihren Lebensinhalt ausmacht. Der Zwanzigjährige wird sich, wenn er ein starkes Ich-Bewußtsein entwickeln konnte, abrupt von seiner Mutter lösen müssen, zum Beispiel indem er eine Beziehung zu einer Frau aufnimmt und heiratet. Kommt die Mutter nicht zur Einsicht, es sei jetzt höchste Zeit, sich von ihrem Sohn zu lösen, wird das Problem der Mutterbindung weiter bestehen. Der Sohn sieht sich vor der schwierigen Aufgabe, seiner Rolle als Gatte zu genügen, ohne seine Mutter zu vernachlässigen. Schuldgefühle und Auseinandersetzungen nach beiden Seiten hin sind die Folge. Es kommt aber auch vor, daß der ich-schwache Sohn seine Mutterbindung zeit seines Lebens nicht überwinden kann und dann meist allein bleibt.

Fehlentwicklungen solcher Art können vermieden werden, wenn die Eltern das richtige Maß finden zwischen Führen und Gewährenlassen, zwischen streng autoritärem Verhalten und Nachgiebigkeit.

Es seien ein paar Leitgedanken festgehalten, die hilfreich sein können:

— Der Jugendliche will ernst genommen sein und angehört werden.
— Also müssen die Eltern zuhören können, ohne sich voreilig ein Urteil zu bilden.
— Eltern müssen damit rechnen, daß Jugendliche schlecht zuhören können, weil Zuhören mit Gehorchen zu tun hat.
— Sie müssen von sich selber mehr Geduld und Toleranz verlangen, als die Jugendlichen ihnen gegenüber aufbringen können oder wollen.
— Die Jugendlichen verstehen heißt nicht zwangsläufig, ihre Handlungen gutheißen und sich alles von ihnen bieten lassen.
— Zu große Nachgiebigkeit kann bei ihnen Angst hervorrufen, weil sie mit Verantwortung belastet werden, der sie nicht gewachsen sind.
— Das Vorbild der Eltern wirkt auch dann auf die Jugendlichen, wenn diese ihre Lebensart ablehnen. Sie können sehr wohl unterscheiden, ob ihre Eltern ehrlich sind oder einer doppelbödigen Moral huldigen.

Die Ablösung vom Elternhaus muß nicht stürmisch verlaufen, es geht aber um Vorgänge, die mit den geheimnisvollen blutmäßigen Bindungen zu tun haben und die in unbewußte Seelenschichten führen. Um so notwendiger ist es, sich diese Zusammenhänge möglichst klar vor Augen zu stellen und sich zu einer objektiven, vernünftigen Haltung durchzuringen.

Erziehen ist ein dynamisches Geschehen. Sowohl der Erzieher als auch der Jugendliche ist dabei einem Entwicklungsprozeß unterworfen. Was schwer zu erlernen ist und viel Durchhaltekraft erfordert, ist die Fähigkeit, Geduld zu haben und warten zu können.

# 2. Geschlechtliches Verhalten

*Fragwürdige Vorbilder*

Während die Sexualität im Kindesalter keinen vorherrschenden Erlebnisbereich darstellt, wird das sexuelle Empfinden in der Pubertät selbständiger, differenzierter, zielgerichteter. Der Jugendliche befindet sich in einer schwierigen Phase des Umbruchs, die durch die heute herrschenden Verhältnisse bedeutend verschärft wird. Der geschlechtsreif Gewordene steht einer Welt gegenüber, die über Jahrhunderte geltende Verhaltensnormen als veraltet ablehnt und sie durch eine weitgehende Liberalisierung ersetzt. Beispiele aus der Welt der Erwachsenen und die aufdringlichen Einflüsse der Massenmedien erwecken im Jugendlichen die Vorstellung, jeder Mensch habe vor allem andern ein Recht auf Lebensgenuß und Lustgewinn. Dies wirkt sich direkt auf die zwischenmenschlichen Beziehungen aus. Die Gefahr besteht, daß der junge Mensch das Wesentliche einer Liebesbeziehung nicht mehr im seelischen Bereich sucht, sondern vornehmlich in der Triebbefriedigung zu finden glaubt. Diese dem Jugendlichen durch die Umwelt aufgedrängte Einstellung entspricht aber häufig nicht seinem eigentlichen Empfinden, wie dies Gespräche, Briefe und Tagebuchaufzeichnungen immer wieder zeigen.

*Das bewußt erlebte Ich*

Das andere wichtige Ereignis, das die Zeit der Geschlechtsreife charakterisiert, nämlich das Erwachen eines ganz neuen Ich-Bewußtseins, das deutliche Innewerden des Gegensatzes Ich—Welt, verwirrt und erschreckt den Pubertierenden. Er erlebt sich zum erstenmal als Individuum, als völlig anders als alle andern. Er hat sein eigenes Ich entdeckt, weiß aber noch nicht mit ihm umzugehen. Um die dadurch ausgelöste Unsicherheit zu verbergen, zeigt er sich mürrisch und verstimmt. Er ist verschlossen und abweisend und hütet sich, mit Erwachsenen über seinen sonderbaren Zustand zu sprechen, weil er glaubt, solches könne nur ihm zustoßen. Er möchte mit sich selber ins reine kommen. Seine Interessen gelten der eigenen Person, nicht weniger aber der großen unbekannten Welt, mit der er sich auseinanderzusetzen hat. Damit hat der Prozeß der Verselbständigung begonnen, der um das 20. Jahr herum zu einem gewissen Abschluß gelangt. Der wichtigste Aspekt dieses Vorgangs ist das Erlangen eines gesunden Selbstbewußtseins und Selbstvertrauens. Das Ich muß so weit erstarken, daß der erwachsene Mensch imstande ist, sein Leben aus eigener Verantwortung heraus zu gestalten.

*Die Triebe und das Ich*

Der Mensch ist den verschiedensten Trieben und Begierden ausgesetzt, mit denen er sich zeit seines Lebens herumzuschlagen hat. Viele davon hat er mit dem Tier gemein, ist aber im Gegensatz zu diesem dank seinen spezifisch menschlichen Eigenschaften imstande, ihnen mit Hilfe des Denkens und des Willens entgegenzutreten, sie in die Schranken zu weisen. Gewöhnung und Erziehung tragen dazu bei, daß schon das Kind lernt, mit seinen Gelüsten umzugehen, indem es beizeiten übt, die Erfüllung eines Wunsches aufzuschieben, statt ihm sofort nachzugeben, zu warten oder sogar zu ver-

zichten. Dem Pubertierenden machen insbesondere der Geschlechts- und der Aggressionstrieb (Rauflust, Jähzorn, Widerspruchsgeist usw.) auf der Suche nach sich selbst schwer zu schaffen. Wenn er als Kind an kleinen Dingen gelernt hat, sich etwas zu versagen, werden ihm diese Willensübungen beim Umgang mit dem erwachten Triebleben eine Hilfe sein.

Ich weiß sehr wohl, daß dieser Erziehungsgrundsatz heutzutage nicht populär ist, daß ich damit den scharfen Widerspruch jener Kreise herausfordere, die dem frühzeitigen Ausleben der Sexualität das Wort reden, weil sie glauben, die Jugend auf diese Weise vor Verdrängungskomplexen und entwicklungshemmenden Frustrationen schützen zu müssen. Als Reaktion auf die frühere Verteufelung der Sexualität sind diese Bestrebungen verständlich. Sie haben bewirkt, daß man heute freier und offener über geschlechtliche Dinge spricht, was sicher als Fortschritt zu begrüßen ist. Die Vertreter dieser Thesen schießen aber mit ihren Forderungen weit übers Ziel hinaus, indem sie aus dem engen, nur auf die Sexualität eingestellten Blickwinkel heraus die Persönlichkeitsentwicklung zu wenig beachten. Es ist deshalb zu zeigen, warum Zurückhaltung in bezug auf die geschlechtliche Aktivität für die Jugend besser ist als vorzeitiges Ausleben, obwohl dies vordergründig oft die einfachste Lösung zu sein scheint. Es kann nachgewiesen werden, daß in vielen Fällen gerade das Gegenteil von dem erreicht wird, was man sich erhofft: Bindungsschwäche statt tragfähiger zwischengeschlechtlicher Beziehungen, oft sogar Impotenz und Gefühlskälte statt glückspendender körperlicher Begegnung.

Die Befürworter geschlechtlicher Frühkontakte werden geltend machen, man könne doch nicht fehlgehen, wenn man dem Naturgesetz folge und beim Eintritt der Geschlechtsreife auch gleich sexuell tätig werde, wie dies ja im Tierreich der Fall sei. Hier stellt sich die wichtige Frage nach dem Wesen des Menschen. Worin liegt das eigentlich Menschliche? Worin unterscheidet sich die Sexualität des Menschen von derjenigen des Tieres? Wenn man dieser Frage nachgeht, stößt man auf tiefe Zusammenhänge zwischen der menschlichen Geschlechtlichkeit und der Ich-Entwicklung. Die Tatsache, daß die geschlechtliche Reife (mit 14/15 Jahren) nicht mit der geistig-seelischen und damit auch charakterlichen Mündigkeit (mit 20/21 Jahren) zusammenfällt, könnte als Beweis dafür gelten, daß das Triebhafte im Kulturwesen Mensch der Entwicklung der Individualität gegenüber eine wichtige Aufgabe zu erfüllen hat. Das Wachstum des Ich-Bewußtseins deckt sich nicht mit dem biologisch gesteuerten Aufbau des Körpers. Es folgt während des ganzen Lebens eigenen Gesetzmäßigkeiten. Es kann nur wachsen, wenn es um seine Existenz kämpfen muß, das heißt, wenn es auf Widerstand stößt (z. B. auch den Trieben gegenüber).

Unter den zahlreichen Kräften, die sich der Entfaltung und Erstarkung des Ich entgegenstellen, spielt in der Pubertät der Geschlechtstrieb die wichtigste Rolle. Die Aufgabe der Sexualerziehung besteht darin, auf die Auseinandersetzung mit der Sexualität vorzubereiten, indem man mit dem Jugendlichen über Sinn und Bedeutung der geschlechtlichen Kräfte spricht, anstatt ihn zu sexuellen Aktivitäten zu ermuntern und ihn dann unkontrolliert seinen Trieben zu überlassen. Dazu Christa Meves: «In dieser Zeit muß versucht werden, mit dem heranwachsenden Jugendlichen über die Fragen von Liebe und Sexualität im Jugendalter zu sprechen, obgleich die Pubertät dafür denkbar ungeeignet ist. Das Bedürfnis nach Isolation, nach Abgrenzung eines Intimbereiches steht solchen Gesprächen entgegen — besonders zwischen Eltern und Kindern, und selbst dann, wenn das Vertrauensverhältnis erhalten werden konnte. Dennoch sind Gespräche mit dem Ziel, dem Jugendlichen Handhaben zu eigener Nachdenklichkeit zu geben, heute unumgänglich geworden, da sonst die Gefahr besteht, daß er bedenkenlos dem kollektiven Sog des ‹Rechts auf freie Liebe› verfällt. Gespräche solcher Art können oft besser in Gruppen, in Jugendfreizeiten der Kirche, in Jugendverbänden oder auch (bei verständigen Lehrern) in weiterbildenden Schulen geführt werden. Für Eltern stellen solche Gespräche häufig eine Überforderung dar.»

Auf diese Art kann dem Heranwachsenden eine Schonzeit verschafft werden, die ihm erlaubt, sich gedanklich mit Fragen der Selbstbefriedigung und anderer geschlechtlicher Aktivitäten auseinanderzusetzen, das heißt, dem Trieb mit Vernunft beizukommen. Jeder Sieg des Ich trägt zu seiner Erstarkung bei, was die Voraussetzung zum Aufbau einer späteren beglückenden, von Liebe getragenen Ich-Du-Beziehung schafft und damit der Sexualität menschliche Dimensionen verleiht. Der Jugendliche gewinnt Einblick in den Sinn des Triebaufschubs und erlebt Härte gegen sich selbst, Sehnsucht und Verzicht nicht nur als negative Gefühle, auch wenn er deren reifefördernde Wirkung erst später einsehen lernt.

## Ich-Schwäche

Das Erlangen eines gesunden Selbstbewußtseins in der Zeit zwischen Pubertät und Mündigkeit ist für das weitere Leben von großer Bedeutung. Ob der Sexualtrieb bei dieser Entwicklung eine positive oder negative Rolle spielt, hängt von der Einstellung ab, die der Jugendliche gegenüber der Sexualität zu gewinnen vermag. Wie in den vorangehenden Kapiteln schon gezeigt wurde, können die dem Kind innewohnenden individuellen Kräfte schon in der Kleinkind- und Schulzeit geweckt und gefördert, leider aber auch schwer gehemmt und geschädigt werden. Jacques Lusseyran spricht von einer Verschmutzung des Ich, die schon früh einsetzen kann (Reizüberflutung durch Verkehrslärm, Musikberieselung, Fernsehen, fehlende Naturnähe in städtischen Wohnverhältnissen usw.). Das Ich wird aber auch geschwächt durch das Verkümmernlassen der Phantasie (falsches Spielzeug, zu frühes Beanspruchen der intellektuellen Kräfte, zu frühes Hinführen zu äußerer Selbständigkeit, von den Erziehern falsch verstandene Sexualaufklärung usw.).

Was bis zur Pubertät in der Erziehung falsch gelaufen ist, offenbart sich erst richtig, wenn die mit dem körperlich-seelischen Umbruch zusammenhängenden Schwierigkeiten dazukommen. Wenn der Jugendliche dann nicht die Kraft aufbringt, seine phasenbedingte Labilität durch den Aufbau eines gesunden Selbstvertrauens zu überwinden, ist die Gefahr groß, daß er sich der Lebenswirklichkeit nicht zu stellen wagt und in eine Scheinwelt flüchtet (Showbusiness mit seinen Idolen, Flimmerkasten, mit viel Lärm verbundener passiver Musikkonsum usw.). Er versucht damit, seine Probleme ins Unbewußte zu verdrängen. Wenn dazu noch zu frühe Sexualkontakte ohne innere Bindung und häufiger Partnerwechsel kommen, verliert er leicht die Kontrolle über sich selber und wird für jede Art von Genußmitteln und Zivilisationsgiften anfällig. Je früher er mit Alkohol und andern Drogen in Berührung kommt, um so verhängnisvoller wirken sich diese schwächend auf seine Entwicklung aus.

### Unterschiede im pubertären Verhalten der Jungen und Mädchen

Die bisherigen Ausführungen müssen noch ergänzt werden durch einen Hinweis auf den unterschiedlichen Verlauf der Pubertät bei Knaben und Mädchen. Der langsam erwachende Geschlechtstrieb bedrängt die Mädchen weniger direkt als die Knaben. Während die Knaben zum Beispiel durch Erektionen des Gliedes sich unmittelbar und ratlos ihrer Geschlechtlichkeit gegenübergestellt erleben, sind es bei den Mädchen unbestimmtere Gefühle schwärmerischer Art, von denen sie ohne sichtbaren Anlaß ergriffen werden und die sich in Stimmungsschwankungen, Quengeleien, rastlosen Tätigkeiten im Wechsel mit tiefer Versunkenheit äußern. Das Mädchen spielt auch weniger als der Knabe mit geschlechtlichen Phantasien und Vorstellungen. Es interessiert sich mehr für seelische als für körperliche Kontakte und erwartet von einer Freundschaft zärtliche Zuwendung, während der Junge auf die Erfüllung seiner körperlichen Wünsche drängt. Durch die heute übliche allgemeine Sexualisierung ist aber das Verhalten der jungen Leute verfälscht worden. Ein Siebzehnjähriger, der noch keinen Intimkontakt gehabt hat, äußert seiner Mutter gegenüber, jetzt habe er schon ein Jahr «verloren». Er fürchtet, von seinen erfahreneren Kameraden und von den Mädchen nicht mehr ernst genommen zu werden. Ein Mädchen, das sich seinem Freund gegenüber reserviert verhält, muß befürchten, daß er es stehenläßt und sich einem andern zuwendet, das ihm willfährig ist.

Unter diesem Trend zu frühen Intimbeziehungen unter Jugendlichen leiden viele Eltern, aber auch ein Teil der Heranwachsenden selber. Es geht hier um gesellschaftliche Zwänge, die sich nicht von heute auf morgen aus der Welt schaffen lassen. Die Eltern werden oft um Kompromisse nicht herumkommen, wenn sie die Verbindung zu ihren Kindern nicht verlieren wollen. Hat die Beziehung bis dahin auf gegenseitigem Vertrauen beruht, dürfen die Eltern hoffen, daß die Jugendlichen auch ohne ihr autoritäres Eingreifen aus selbstverschuldeten Konfliktsituationen wieder herausfinden werden.

### Perversionen

Auf die Homosexualität ist bereits hingewiesen worden (S. 45). Im Gegensatz zur veranlagten gleichgeschlechtlichen Liebe kann bei beiden Geschlechtern eine zeitweilige homosexuelle Anwandlung auftreten, die sich vermutlich aus einer unbewußten Angst vor intimen Beziehungen zum Gegengeschlecht entwickelt. In den meisten Fällen handelt es sich um eine Phase, die rasch überwunden wird. Immerhin ist dabei die Gefahr der Verführung durch einen Homosexuellen oder eine Lesbierin nicht auszuschließen. In diesem Sinn soll mit den Schülern (im Einvernehmen mit den Eltern) gesprochen werden, wobei heute das Verständnis für die verschiedenen Abwegigkeiten der Sexualität viel größer ist als früher. Die gesellschaftlich schwierige Situation dieser Menschen ist aber bis heute geblieben. Auch andere sexuelle Perversionen sollen erwähnt werden: Voyeure, Exhibitionisten, Pädophile, Transvestiten, Transsexuelle.

### Verhalten jüngeren Schülern gegenüber

Es muß den Schülern der Abschlußklassen bewußtgemacht werden, daß sie ihren jüngern Kameraden gegenüber eine Verantwortung haben, ob sie wollen oder nicht. Die 6.- und 7.-Klässler achten sehr genau auf Reden und Verhaltensweisen der Großen. Diese sind ihnen Beispiel im guten und schlechten Sinne. Es kommt deshalb wirklich darauf an, welche Einflüsse von ihnen ausgehen (zweideutige Redensarten, Warenhausdiebereien, waghalsige Mopedfahrten, Rauchen, Alkohol- und anderer Drogenkonsum). Die Oberschüler lassen sich bei geschicktem Vorgehen des Lehrers nicht ungern in Pflicht nehmen, weil das ihr Selbstgefühl stärkt.

# 3. Geschlechtsorgane und ihre Funktionen

*Biologisches Wissen*

Über die Sexualorgane und ihre Funktionen wurde S. 53 im Zusammenhang mit dem Biologieunterricht gesprochen. Die grundlegenden Kenntnisse über die menschliche Fortpflanzung sollten in diesem Alter vorausgesetzt werden dürfen. Außerdem gibt es für die 4. Altersstufe eine Reihe ausgezeichneter, von Fachleuten verfaßter und vorzüglich illustrierter Aufklärungsbücher, die den Eltern und Lehrern als Hilfen empfohlen werden können, sich zum Teil aber auch für die Schüler eignen. Deshalb kann ich mich auf die Darstellung ausgesprochen erzieherischer Aspekte beschränken. In den folgenden Abschnitten wird zu zeigen versucht, wie beim Betrachten einzelner Stufen der embryonalen und fetalen Entwicklung Ehrfurcht vor dem Leben geweckt werden kann. Ohne direkt davon zu reden, kann so der Boden für eine verantwortbare Haltung dem Schwangerschaftsabbruch gegenüber vorbereitet werden.

*Embryonalentwicklung*

Was will der Jugendliche darüber wissen? Es stehen heute Hilfsmittel zur Verfügung, die Einblicke in die feinsten Vorgänge der Befruchtung und Embryonalentwicklung ermöglichen, wie sie bis vor kurzem nur Fachkreisen möglich waren. In diesem Zusammenhang sei auf das Taschenbuch von Erich Blechschmidt «Vom Ei zum Embryo» hingewiesen, das in Text und Bild einen tiefen Einblick in die ersten Stadien menschlicher Existenz gewährt. Es wird nicht ohne Wirkung auf die Schüler bleiben, wenn sie erkennen, daß bereits nach zweiwöchigem Wachstum des Keimes die für den Menschen charakteristische körperliche Organisation ersichtlich ist, daß an dem 6 mm großen Embryo der fünften Woche alle am Erwachsenen bekannten Zentralorgane, wie Gehirn, Herz, Leber und Keimdrüsen, und die Anfänge des Stoffwechsels nachgewiesen werden können. Sie sind Ergebnisse des Wirkens von Gestaltungskräften, für die bis jetzt keine physische Trägerschaft gefunden werden konnte (Blechschmidt).

Der Heranwachsende wird solche Tatsachen mit großem Interesse entgegennehmen. Sie wirken sich aber nur dann fördernd auf ihn aus, wenn sie ihn zum Nachdenken anregen und nicht bloß im Gedächtnis gespeichert werden. Er muß sich mit dem Wissensstoff auseinandersetzen, um in dessen wirklichen Besitz zu gelangen. Der Anstoß dazu aber muß vom Lehrenden ausgehen. Es ist entscheidend, ob diese Vorgänge so geschildert werden, als wäre mit der exakten naturwissenschaftlichen Erläuterung alles getan, oder ob der Lehrer das Geschehen letzten Endes als Willensausdruck jener unerklärlichen, auch mit feinsten Methoden nicht zu erfassenden Energie darstellt, welche jedes Wachstum in der organischen Welt und somit auch die Menschwerdung auf geheimnisvolle Weise steuert, und es ist nicht selbstverständlich, daß sie immer richtig steuert. Schon bei Stoffwechselstörungen zum Beispiel können Fehlbildungen entstehen. Solches Wissen um die Geheimnisse des Werdens, in die Seelen der Schüler getragen, bereichert ihr Menschsein, wird ihr Handeln, ihr Tun und Lassen bestimmen, wächst und wandelt sich mit ihnen und wird zur dauernden Lebenshilfe. Der Lehrer, der solches zu erreichen versucht, braucht außer seinen einwandfreien Kenntnissen weder pathetische Worte noch theatralische Gesten, wohl aber den festen Willen, in den Schülern durch seinen Unterricht moralische Kräfte zu wecken, die das empfangene Wissen zum Gewissen allem Lebendigen gegenüber werden lassen. Der damit auch für die Sexualerziehung geleistete Beitrag liegt klar auf der Hand.

*Schwangerschaft und Giftkonsum*

Jugendliche müssen über die Gefahren orientiert werden, denen die Leibesfrucht bei unrichtigem Verhalten der Schwangeren ausgesetzt ist. Eine Schwangerschaft bringt meist mancherlei Beschwerden mit sich: Übelkeit zufolge Umstellung des mütterlichen Körpers auf den Wachstumsprozeß des Kindes, ungewohnte Eßgelüste, Abneigung gegen bestimmte Speisen, Geh-, Verdauungs- und Stoffwechselbeschwerden usw. Da viele Frauen die Gewohnheit haben, bei jeder Unpäßlichkeit gleich Tabletten zu schlucken, ist es verständlich, wenn es ihnen schwerfällt, während der Schwangerschaft auf diese «Erleichterung» zu verzichten. Weil aber viele dieser Medikamente ohnehin der Gesundheit schaden, ist bei Schwangeren vermehrte Vorsicht geboten, denn auch das werdende Kind wird davon betroffen. Ähnlich verhält es sich mit Genußmitteln. So findet sich zum

Beispiel der von der Mutter getrunkene Alkohol alsbald im Blut des Ungeborenen. Das Rauchen von nur einer Zigarette läßt sein Herz um etwa 20 Schläge in der Minute schneller schlagen. Die verantwortungsvolle Mutter wird sich deshalb dieser Gifte enthalten und sich vom Arzt beraten lassen, wenn sich die Einnahme von Medikamenten als nötig erweist.

Die Jugendlichen müssen auch wissen, daß die Lebenschancen eines im Rausch gezeugten Kindes von Anfang an vermindert sein können. Junge Männer können ihren schwangeren Gefährtinnen dann am besten helfen, wenn sie während dieser Zeit selber auf schädliche Genußmittel verzichten.

*Empfängnisverhütung und Familienplanung*

Bei den heutigen Verhältnissen ist eine sinnvolle Familienplanung zu befürworten. Sie wird durch die modernen empfängnisverhütenden Mittel erleichtert und hat die Frauen von den Belastungen durch eine allzu große Kinderzahl und von der Angst vor unerwünschten Schwangerschaften weitgehend befreit. Ob sich die Möglichkeiten der sicheren und bequemen Empfängnisverhütung auf die Jugendlichen im allgemeinen ebenso positiv auswirken, ist eine andere Frage, denn in engem Zusammenhang damit steht das Problem des vorehelichen Geschlechtsverkehrs und im besondern das der sexuellen Frühkontakte.

Wir betreten damit ein Gebiet, das weit über das der Sexualerziehung hinausweist und in die Problematik der heutigen Gesellschaft hineinführt. Beschränken wir uns auf einige Hinweise auf das Verhütungsmittel, das seit etwa 20 Jahren im Handel ist, immer weiter verbessert wurde und von Millionen von Frauen verwendet wird: die Pille. Wie sich dieses Medikament auf die Dauer auf die Gesundheit und Fruchtbarkeit der Frau auswirken wird, ist noch nicht abzusehen und auch sehr umstritten. Von ärztlicher Seite wird vor allem davor gewarnt, die Pille zu früh an die Mädchen abzugeben, weil sie das Einspielen des Monatszyklus stört, woraus sich schwerwiegende Folgen ergeben können.

Weitere Ausführungen über die verschiedenen Methoden der Empfängnisverhütung erübrigen sich hier. Es genüge der Hinweis auf die Darstellungen von Fachleuten. Sehr zu empfehlen ist das aufschlußreiche Werk von Theodor Bovet: «Junge Leute, Sex und Liebe», das über hier nur angedeutete Aspekte des Sexuallebens hinlänglich Auskunft gibt und sich als Lektüre für Jugendliche gut eignet.

*Entwicklungsmängel und Erkrankungen
der Geschlechtsorgane*

In diesem Alter werden die Jugendlichen nicht selten vom Verdacht beunruhigt, ihre Geschlechtsorgane seien nicht richtig entwickelt, oder sie seien von einer Geschlechtskrankheit bedroht, weil sie von solchen Fällen haben reden hören. Es ist deshalb notwendig, mit ihnen über Entwicklungsmängel und Geschlechtskrankheiten zu sprechen. Es kann bei Knaben und Mädchen vorkommen, daß die Entwicklung der Sexualorgane nicht den normalen Verlauf nimmt. Wenn sich bei einem Mädchen die Periode lange nicht, nur schwach, unregelmäßig oder mit starken Schmerzen verbunden einstellt, muß der Arzt aufgesucht werden. Das gleiche gilt bei Jungen, deren Stimmbruch zu lange ausbleibt und deren Geschlechtsorgane sich nicht normal entwickeln. Solche Mängel, die eventuell Zeugungsunfähigkeit oder Unfruchtbarkeit zur Folge haben, können vielleicht behoben werden, wenn sie der Arzt rechtzeitig behandeln

kann. Zu große Ängstlichkeit ist aber nicht angezeigt, weil es eben Kinder gibt, die ihre Pubertät verspätet durchmachen.

Die Jugendlichen müssen auch fundierte Auskünfte über die Geschlechtskrankheiten und ihre Folgen erhalten, besonders über die beiden häufigsten, Tripper und Syphilis, die auf Ansteckung beruhen und vorwiegend beim Geschlechtsverkehr mit einem kranken Partner übertragen werden. Sie unterstehen ärztlicher Behandlungspflicht.

Bei diesen zum Teil heiklen Themen kann ein Briefkasten für anonyme Fragen gute Dienste leisten. Auf diese Weise kann der Lehrer seine Antworten den Bedürfnissen der Schüler anpassen. Auch hier muß auf die notwendige Zusammenarbeit mit den Eltern hingewiesen werden.

# 4. Sexualität und Gesellschaft

*Auf dem Weg zur persönlichen Freiheit*
Unsere Zeit steht im Zeichen der Autoritätskrise. Diese äußert sich im Freiheitsdrang von Rassen, Völkern und Stämmen, in Separatistenbewegungen von sprachlichen oder religiösen Minderheiten, aber auch in den Emanzipationsbestrebungen der Frau, im Kampf des Arbeiters um das Mitbestimmungsrecht usw. Die Ablehnung der Autorität zeigt sich auch im Verhalten des ein-

zelnen Menschen: Allgemeine, bisher anerkannte Normen werden in Frage gestellt oder abgelehnt. Man läßt sich nicht gern Vorschriften machen. Jeder möchte sein Tun und Lassen nach eigenem Wunsch und eigener Überzeugung bestimmen. Es ist nicht Zufall, wenn heute Wörter wie Selbstentfaltung, Selbstverwirklichung, Selbstverantwortung, Selbstachtung u. a. eine so wichtige Rolle spielen. Sie weisen auf das menschliche «Selbst» hin, auf das unverwechselbare personale Ich.

Es wurde in dieser Schrift immer wieder auf die Ich-Entwicklung hingewiesen. In keinem Lebensabschnitt aber tritt diese so deutlich in Erscheinung wie in der Pubertät und den darauffolgenden Jahren bis zur Mündigkeit. Die Ich-Findung des Jugendlichen wird begleitet von starken gegensätzlichen Gefühlsäußerungen, vom Schwanken zwischen Unsicherheit und Selbstüberschätzung, von Zeiten der Begeisterung, abwechselnd mit solchen der Mutlosigkeit. In diesen Jahren des Suchens und Irrens neigt der Heranwachsende zu extremen Haltungen und Ansichten. Der Erzieher wird aber bei allen Schwierigkeiten, die diesen Umbruch begleiten, genügend Verständnis aufbringen, wenn er sich über den Sinn dieser stürmischen Phase Klarheit verschafft, nämlich: Der junge Mensch ist auf dem Weg zur persönlichen Freiheit!

Was sich beim einzelnen Menschen abspielt, könnte als Spiegelbild der weltweiten Umwälzungen in unserer heutigen Gesellschaft verstanden werden. Ungeheures Leid, Ängste und Schmerzen sind mit diesen Kämpfen und Auseinandersetzungen verbunden. Viel Bewährtes geht verloren, Neues ist im Entstehen. Wenn wir aber diese Wandlungen in einen größeren Rahmen stellen und sie als Durchgang zu einer neuen Entwicklungsstufe der Gesellschaft begreifen, die Selbstverantwortung und persönliche Freiheit des einzelnen zum Ziel hat, wird uns auch die Hoffnung und das Vertrauen auf die Zukunft nicht verlorengehen. Pestalozzi drückte es für seine Zeit so aus: «Unser Zeitalter ist wie ein heißer Sommertag, an dem die Früchte der Erde unter Donner und Hagel zur Reife gedeihen. Das Ganze gewinnt, aber die Teile werden schrecklich geschlagen.»

Daß unter den heutigen schwierigen Verhältnissen häufig die Meinung vorherrscht, einer allein könne ja doch nichts ändern, ist wohl verständlich. Doch soll das vorliegende Buch gerade aufzeigen, daß Pessimismus und Resignation nicht am Platze sind, daß es zum Beispiel sehr darauf ankommt, in welcher Weise Eltern und Lehrer auf die Kinder einwirken. Jede Generation bringt neue Impulse und den Willen zur Veränderung des Bestehenden mit auf die Welt. Von passiven, gelangweilten, traurigen jungen Leuten können wir keine Initiative zur Verbesserung der gesellschaftlichen Situation erwarten. Sie werden im Gegenteil leicht manipuliert von Mächten, die freiheitlichen Zielen entgegenwirken.

Sorgen wir also dafür, daß jedes Kind nach Möglichkeit seine Kräfte und Fähigkeiten entfalten und seine Phantasie betätigen kann, daß sich seine Seelenkräfte entwickeln und stärken, so daß der junge Mensch zu Freiheit und Selbstverantwortung fähig wird. Nur so können positive Veränderungen im sozialen Gefüge auf die Dauer erreicht werden.

# Literaturhinweise

## 1. Für Eltern

Affemann Rudolf, Sexualität im Leben junger Menschen. Ein Leitfaden der Geschlechtserziehung für Eltern und Lehrer, Freiburg 1978 (Herder Taschenbuch 661)

Fels, siehe unten

Härtter Richard, Das kleine Elternbuch für Sexualerziehung, München 1973

Hunger Heinz, Kinder fragen – Eltern antworten, Gütersloh 1973

Janzing Anton, Ganzheitliche Geschlechtserziehung. Anregungen für die Erziehung in Elternhaus, Kindergarten, Schule und Jugendarbeit, 1979 (Topos Taschenbücher 60)

Meves Christa / Illies Joachim, Lieben – was ist das?, Freiburg 1978 (Herderbücherei 362)

## 2. Für Lehrer

Affemann, siehe oben

Blechschmidt, siehe unten

Fels, siehe unten

Janzing, siehe oben

Mayer Martin, Sexualerziehung im 1.–6. Schuljahr, Ansbach 1970

Wolfensberger Christoph, Wider die «Aufklärung», Zürich / Köln 1972

## 3. Für Kinder und Jugendliche

Blechschmidt Erich, Wie beginnt das menschliche Leben? Forschungsergebnisse mit weitreichenden Folgen, Stein am Rhein 1976

Bovet Theodor, Junge Leute, Sex und Liebe. Biologische und psychologische Informationen für Jungen und Mädchen ab 15, Bern 1978

Fels Gerhard, Schriften zur Sexualerziehung: Pubertät. Eine Schrift für Jungen und Mädchen im 5.–7. Schuljahr. Dazu *Begleitbuch für Eltern und Lehrer,* Stuttgart 1969

Grothe Hans, Wie ist das eigentlich mit der Liebe? Aufklärung für Jungen und Mädchen von 11–15 Jahren, Frankfurt 1978 (Ullstein Bücher 4111)

Leist Marielene, Angst vor Sex? Aufklärung für junge Leute, München 1970 (Ab 16 Jahren)

Mattmüller Felix / Schneider Markus, Wir wünschen uns ein Schwesterlein, Bern 1972 (Für Kinder)

## 4. Grundlagenliteratur

Brocher Tobias, Psychosexuelle Grundlagen der Entwicklung, Opladen 1971

Brotbeck Kurt, Der Mensch – Bürger zweier Welten, Zürich / Stuttgart 1972

Hetzer Hildegard, Kind und Jugendlicher in der Entwicklung, Hannover 1971

Hunger Heinz, Das Sexualwissen der Jugend, Basel 1960

Illies Joachim, Theologie der Sexualität. Die zweifache Herkunft der Liebe, Edition Interfrom 1981

Le Shan Eda J., Teenager-Sex und Elternsorgen, Genf 1972

Montagner Hubert, Kind und Kommunikation. Fehlentwicklungen verhindern. Den gesunden Weg entdecken, Olten 1981

Oesterreich Heinrich, Sexualpädagogik – progressiv oder radikal?, Neuburgweier 1973

Remplein Heinz, Die seelische Entwicklung des Menschen im Kindes- und Jugendalter, Basel / München 1971

Steiner Rudolf, Die Entwicklung des Kindes vom Gesichtspunkte der Geisteswissenschaft, Dornach 1932

Willi Jürg, Die Zweierbeziehung, Hamburg 1975